der vollkommen Architectus

Der vollkommen Architectus:
Baumeister und Baubetrieb bis zum Anfang der Neuzeit
by
Andreas Grote

Original English edition published 1966
by Prestel Verlag, München
Published 2018 in Japan
by Kajima Institute Publishing Co., Ltd.,

Andreas Grote

der vollkommen Architectus
Baumeister und Baubetrieb bis zum Anfang der Neuzeit

ゴシックの匠
ウィトルウィウス建築書とルネサンス

＊

アンドレアス・グローテ
著

柳井浩
岩谷秋美
訳

鹿島出版会

角括弧 ［　］ は、訳者による補足を示す。

目次

［図版 I］ ピーテル・ブリューゲル（父）《バベルの塔の建設》（1563年、部分）ウィーン、美術史美術館所蔵
施主である王が、建設現場を訪れています。石工の親方と建築技師がその前で低く跪いて報告し、その脇
では、石工とその下働きたちが仕事を進めています。背後では、すでに壊れてしまった塔の基礎が修理さ

れていますが、一部の男たちは、湧水に腰までつかっており、さらにその手前の草地では、交代した一群
のレンガ積み職人が休息しています。また、一番手前にある石の面には、この絵を描いた画家の署名とそ
の年が書かれています。　©Erich Lessing / Art Resource, NY

Ⅰ. ウィトルウィウス建築書

教皇ニコラウスⅤ世の在位中（1447〜1455年）、イタリア人は誰もがみな精神的高揚状態にありました。その影響は全ヨーロッパを覆い、現代にまで及んでいます。その時期に始まり、古典の再生を導いたこの時代は、今日、〈ルネサンス〉と呼ばれています。

ニコラウスⅤ世は少年時代から常々、将来、お金が使えるようになったら、二つのこと、つまり、書籍収集と建築事業をしてみたいと言っていたそうです。彼の年代記作者は、「在位中に、その一方のみならず両方ともなしとげた」と報告しています。ニコラウスはヴァチカンの図書館全体の基礎を築いた人ですが、そればかりか、その庇護のもと、サン・ピエトロ大聖堂新築のための第一設計図が作成され、さらに、ローマ市ばかりでなく、周辺の町々に及ぶ大規模な都市計画が着手されたのです。

当時、〈ルネサンス（再生）〉と呼ばれたこの活動の始まりと、きっかけは、それを遡ること一世代前にも認められます。コンスタンツ公会議において教会大分裂の解決が図られたのは1415年頃のことですが、その傍ら、イタリアの人文主義者で学者のポッジオは、フィレンツェのメディチ家から委嘱を請け、修道院の図書館に遺る古典ギリシャ・ローマの著作を探してスイスや南ドイツを旅し、とくに、スイスのザンクト・ガレン修道院の図書館では、アウグストゥス期の建築理論家ウィトルウィウスの論文の完全な手写本を発見しています。この手写本によって、それより少し前にモンテ・カッシーノの修道院で発見されていた手写本の不完全な部分を補足することが可能になったのです。こうしてポッジオは、この時代の教養人の世界に、まさしく文字どおりのセンセーションを巻き起こしました。そして、この時点を〈ルネサンス〉の始まりと見ることができます。

ウィトルウィウスの手写本はニコラウスⅤ世の教皇庁にも影響を与えます。このことは、その直後に生じたいろいろな事柄からも確認できます。この書物はまず、多数の手写本のかたちで広められ、さらに、1486年になるとローマで

Viuitur ingenio, cætera mortis erunt.

Aurum probatur igni, ingenium uero Mathematicis.

「創造的精神に生きよ、他はすべて死せる部分だ」
ヴァルター・ライフ『幾何学的測量について』、ニュルンベルク、1547年の木版扉絵

9

印刷出版されています。また、ニュルンベルクの人文主義者たちの間にも、この本をドイツに紹介した人たちがいました。第一に挙げられるのが、ヴィリバルト・ピルクハイマーです。ピルクハイマーは1488年から1495年までパドヴァで法学を学び、この地で新しい思潮に接しています。彼の友人でもあり、また、彼が支援もしていた アルブレヒト・デューラーもピルクハイマーを通じてこの古典テキストを早い時期に知ったものと思われます。デューラーはまた、1505年から1507年までヴェネツィアに滞在して、プロポーションに関する準備的な研究をしていたのですから、このときにはこの本を入手して研究していたに違いありません。

デューラーの死後20年の1548年には、ストラスブールの医師で博学者のヴァルター・ライフが翻訳書『ドイツ語版ウィトルウィウス』[ウィトルウィウス『建築十書』のドイツ語版]をニュルンベルクで出版しています。この翻訳書は、当時としては、基本的なことからしっかりと書かれているため、16世紀初頭の技術的知識を知るうえで非常に面白い切り口を見せてくれます。さらに、古典の原文に対して注釈がつけられ、これによって、この時代の知識と古典末期の原著者の主張とがわかりやすくなるように工夫されています。この書は当時の尺度からすれば、〈ベストセラー〉であり、多年にわたって重版されています。また、語学的にもしっかりとした翻訳書でした。すなわち、ライフはラテン語のテキストを、模範的ともいえる正確さで翻訳し、さらに、ところどころ、ウィトルウィウスが用いる難解な術語について優れた注釈を与えています。これらによって、ドイツの棟梁たちも古典に親しむことができるようになったうえに、プロポーションの問題をはじめ、あらゆる種類の技術的問題に関する知識を得ることができたのです。また、豊富な挿絵を手がかりにして古代の建築術のイメージを得ることもできました。とくに、ライフ はウィトルウィウスの序文にある、「建築術というものは、あらゆる分野を総合し、いろいろな学問分野の知識で飾られるべきものだ」という文言を正しく評価しようとしています。

ライフは、注釈によってウィトルウィウスが求めるさまざまな要求や考えの

Vitruuius Teutsch

Nemlichen des aller namhafftigi-
ſten vñ hocherfarneſten/Römiſchen Architecti/vnd Kunſt-
reichen Werck oder Bawmeiſters/Marci Vitruuii Pollionis/Zehen Bü-
cher von der Architectur vnd künſtlichem Bawen. Ein Schlüſſel vnd einleytung aller
Mathematiſchẽ vñ Mechaniſchen künſt/Scharpffſinniger fleiſſiger nachtrachtung oder
ſpeculation künſtlicher werck/Aus ſolchem hohen verſtand/rechtem grund/ſattem vnd ge-
wiſſem fundament aller löblichen künſt/Der maſſen fleiſſig vñ ordentlich in Schrifften
verfaſſet/das hierin ein yeder Kunſtbegiriger leſer der Architectur vnd kunſtlichen
Bawwercks vnterwiſen wirt/vnd der Architectur angehörigen Mathemati-
ſchen vnd Mechaniſchen künſten ein rechten verſtandt/leichtlichen erler-
nen vnd faſſen mag. Alles mit ſchönen künſtlichen Figuren vnd
Antiquiteten/vnd ſonderlichen Commentarien zu mererem
bericht vnd beſſrem verſtand gezieret vnd erkleret.

Allen Künſtlichen Handtwerckern/Werckmeiſtern/Steinmetzen/Bawmeiſtern/Zeug vñ Büxenmei-
ſtern/Brunnen leyteren/Berckwerckern/Malern/Bildhawern/Goltſchmiden/Schreineren/
vnd allen denen/welche ſich des Zirckels vñ Richtſcheids künſtlichen gebrauchen/zu ſonderli-
chem nutz vnd vil feltigem vortheil Erſtmals verteutſcht/vnd in Truck verordnet Durch

D. Gualtherũ H. Riuium Medi.& Math.

Vormals in Teutſche ſprach zu transferiren/noch von
niemand ſonſt vnderſtanden/ſonder für vnmüglichen geachtet worden.

Zu Nürnberg Truckts Johan Petreius.
Anno M. D. XLVIII.

Mit Keyſerlicher vnd Königlicher Maieſt. Priuilegio/
in vj. Jaren mit nach zu Trucken.

『ドイツ語版 ウィトルウィウス』第一書より

12

要点をゴシックの棟梁たちにもわかるようにしたのです。

　それゆえ、ウィトルウィウスは、そのような困難な技（わざ）の意味について、第一書の冒頭で述べている。建築家が棟梁として名を揚げ、その作品と技能が名声と価値を永らえるようにするには、ありとあらゆる技能が求められるということである。……それゆえ、安物のインチキ建築家どものなかには自身の都合で向こう見ずに事を運んでしまう者もいるが、そんな連中は、不実ででき損ないの棟梁と呼ばれよう。こんな連中は、いまの世では、ドイツ語圏に限らずロマン語圏にも大勢いる。これも、建築というものが高く評価されているからである。

　そも建築とは、他ならぬ天と地のことごとくを把握し、形を与え、つくり上げ、見事なまでに飾った神の作品を倣い、まねる素晴らしい技であるのに。……一体誰が、賢い棟梁とそんなふうにチヤホヤされているダメで無学なバカ者とを区別しているのだろうか。……そんな者の親方資格課題作品を認め、職に就くのを許すような者は誰もいないはずだ。

　建築家には学問がなければならない。これこそが、建築家たる者が背負ってゆかなければならない第一の定めである。

学問があるというためには、まず、読み書きのための「理解力とよき思考力」がなければなりません。ですから、言語の知識がなければなりません。なかでもギリシャ語、それに、とくにラテン語の知識が重要です。これらは標準的学術書を読むのに必要です。さらにライフはここで、ドイツには「アルブレヒト・デューラーによる、広く有名な芸術上の」書物以外には学術書が現れていないと嘆いています。ライフはまた、「ローマやその他の古美術品のため」イタリア語を推奨しています。それについで、棟梁は〈製図と作図〉が巧みに行えるようにならねばならぬとしています。さらに、幾何学や算術や測量術の実際的応用などの数学分野の基礎知識の必要性が述べられています。ライフは続けます。「そこで棟梁を志す者は、リベラル・アーツ［自由七学芸：文法、論理、修辞、算術、

幾何、天文、音楽の7科目]に触れるだけでなく、それらを深め、さらに歴史も真剣に学んでおかなければならない」。さらに哲学も学ばなくてはなりません。建築家にとっては音楽が有用な理由とは、音楽はすべての作業において必要となるプロポーションの感覚をもたらしてくれるからだと言うのです。さらに医術によって、「自然と、気象や大地の果実、そして人間がそれによって生きるすべての創造物の性質を知り尽くすことができる」と述べています。そして最後には、棟梁たる者は、法律、とくに建築に関する法規を知ることが絶対に必要で、「これによって、他人にだまされたり、違法に建物を建てたり、建てられたりすることがなくなるからである」と述べています。

「音楽的プロポーションと
天文図の比較図」
『ドイツ語版ウィトルウィウス』より

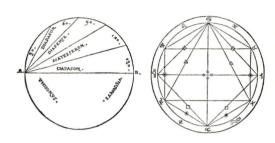

2. 中世の建築家

ヴァルター・ライフは、ルネサンス期の著作家ですから、本書のなかで、ウィトルウィウスの写本が発見され、知られるようになった当時の様子をわれわれに伝えてくれます。彼の論議を全体にわたって読んでみてわかることは、中世との強いつながりです。これは、宇宙の創造主としての神への言及がなされて

いる部分が多いことからも明らかです。このような思考法は、根本的には中世のスコラ哲学に由来するものですが、ルネサンス最盛期に至るまでずっと影響が続いていたのです。大天文学者のケプラーも、彼の、宇宙の調和に関する優れた著作のなかで、基本的な考え方としてこのイメージについて書いています。「神が創造し給うたのであれば、すべては完璧なプロポーションをなしていなければならないはずだ。惑星の軌道にしても、完全な調和のうちに進行するはずだ」。ケプラーも、また、その時代の学者たちも、宇宙では、人間の耳には聞こえないけれども、きっとどこかで、調和のとれた永遠の頌歌が奏でられており、人間は、その総譜の一部だけを知ることができるのだと考えていました。ケプラーが、記譜法を援用して行った惑星軌道の計算はかなりの正確さを示しています。このように中世の伝統は、ルネサンスにおいても弱まることのない影響を与えており、古典期の著作者が再発見されたことによって、大いに豊かにもされ、また、拡張もされたのです。

　このような中世の伝統とはどんなものだったのでしょうか？ 12世紀および13世紀の建築の理論的基礎はどのようなものだったのでしょうか？ 棟梁たちは、その当時の類似の技術的知識を収集したものを手に取ってみることができたのでしょうか？そうでないのならば、ゴシックの聖堂とか、大きな城砦などあれほど素晴らしい建築物をつくり上げたのはどのような方法によるのでしょうか？

　実際、棟梁たちが誰でも、同じように手に取って見られるような書物の形のも

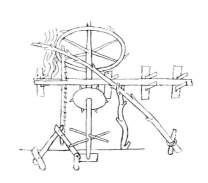

「鋸はこんなふうにして木を挽く」
（ハーンローザー図版44）
ヴィラール・ド・オヌクールの見本帖より

ランの塔
「この書物にも書いたように、私は多くの国々を訪れたが、
ランにあるような塔は、他の場所ではどこでも見たことがない」(ハーンローザー図版19)
ヴィラール・ド・オヌクールの見本帖より

左：「歯車のついた時計仕掛けと可動式の鷲：天使は、その指がつねに太陽をさすようにつくる」
「助祭が福音書を読んでいるときには、鷲は、その頭を反対方向に向けているようにつくる」
ヴィラール・ド・オヌクールの見本帖より
——ハーンローザーによると、ごく初期の機械時計のひとつだろうということである（ハーンローザー図版44）

右：ランスの聖堂内陣の飛び梁の横断面。実物は、このとおりにはつくられてはいない。
単に技術を受け入れただけである　ヴィラール・ド・オヌクールの見本帖より

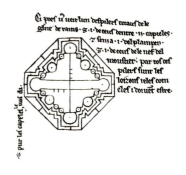

左：ランスの大聖堂の塔の支柱（ハーンローザー図版63）
ヴィラール・ド・オヌクールの見本帖より

右：鍵のかかる仕切り付きの簡単な参事会員席
（ハーンローザー図版54）ヴィラール・ド・オヌクールの見本帖より

のはなかったようです。そんな場合には、いわゆる〈見本帖〉を見なければなり
ませんでした。これには、一人の、あるいは何人かの石工の親方が集めたものも
あったでしょうし、自分自身の経験を集めたものもあったでしょう。彫刻や、小
屋組みや起重機の図案、教会堂や民家の平面図などが混ざっていることも、とき
には、断片的な説明文がついていることもあったかもしれません。13世紀中頃
の見本帖として遺っている、おそらくは唯一のものが、まさしく、ヴィラール・
ド・オヌクールによる図解です。このような収集帖は他にも数多くあったはずで
すが、いまではもう失われています。それに、そのような収集帖は普請小屋に備
え付けられていたもので、素人の手に渡るようなものではありませんでした。そ
んな〈見本帖〉を目にしたり、描き写したりする機会があったのは、石工や、修行
中の徒弟としてあちこちの建設現場を遍歴していた棟梁の卵たちでした。

　15世紀になれば、理論的な基礎として、大部な設計図集があったことがはっ
きりしています。これらは、どの普請小屋にも置かれていて、他所での計画の
図面が付け加えられるということもありましたが、重要なことは、実践的な訓
練でした。実践的訓練を通じて、徒弟や小僧に親方が貴重な経験を一つずつ伝

えたのです。

そういうわけで、ウィトルウィウスの著作の普及は、アルプスの北側では、二通りの需要に応えるものだったと思われます。第一は、専門家たちが自分たちの知識にしっかりとした裏づけを与えること、第二は、これによって新しい考え方を権威づけ、広い範囲にも影響を及ぼし得るようにすることでした。さらには、ディレッタントや学識のある門外漢が、建築に関する知識をもてるような道を拓きました。このような知識は、そのときまでは、棟梁たちの間で秘密にされていたのです。そのような〈秘密主義〉は、もちろん、大工の棟梁の出身母体である石工のツンフトに限りません。大工の棟梁たち自身もそれに倣っています。どのツンフトも、職人の技ばかりでなく、とくに〈発明〉を自分たちの団体の秘密と所有物として守るよう目を光らせていたのです。

これらすべてを前提としても、カテドラルを建てるのにはきわめて複雑な計算が必要になりますが、それはどのようにして処理できたのだろうかという疑問が残ります。ゴシックの交差リブ・ヴォールトの発明などは、純粋な経験だけ、つまり、試行を通じてだけでは不可能です。飛び梁と控え壁の複雑な静力学的比率や、固い壁が大きなガラスの面に対して進行性の変形を見せることなどに対しては、教育を受けて高度の数学的能力をもつ技術者が必要です。そこで、中世においては、どのようなやり方で知識が伝えられていたのかを知るために、中世の教育制度を一瞥しておくことにしましょう。

3. 修業の課程

中世における修業のシステムと当時の社会の状況は、以前から、研究対象として関心を集めているテーマです。パウル・ボーツはゴシックの棟梁たちについ

二人の聖職者が礼拝堂を
建てているところ
ミヒャエル・フッター、バーゼル、1496年より

て面白い本を書いていますが、この本は私たちを中世の学校に連れていって、数学の素養がどのようにして得られたかを示してくれます。数学は、〈自由七学科〉にも〈算術〉の名で含まれていましたから、この学問分野も、少なくとも理論的には、一般的な授業の一部になっていました。

　しかし、〈自由七学科〉のなかでは、文法、修辞学、弁論術のいわゆる〈三学〉が、算術、幾何学、音楽および天文学という〈四学〉よりは絶対的優位におかれていました。中世においては、神学と哲学が大いに発達しました。学校ではラテン語が用いられ、技術的な問題については、全く関心がもたれなかったのです。

　ツンフトというものは、そもそも閉鎖的であり、建築技術者のための公共の学校は存在しませんでした。今日のかたちの専門学校は18世紀になってから成立したものですから、歴史的にあまり古いものではありません。13世紀以来

あったのは、いわゆる〈元老院学校〉ですが、これは、都市貴族身分の者たちが、子弟を聖職者に教育してもらう必要から生まれたものです。それ以前には、ラテン語をキチンと身につけ、多少の数学と自然史の知識を得るには、修道院の学校しかありませんでした。しかし、それはアリストテレスの学説か、ギリシャ・ローマの古典からの抜粋に限られていましたし、算術はと言えば、〈コンプトゥス［計算］〉という若干の公式を用いた復活祭の日付の算出が最高のレベルでした。つまり、天文学の幼稚な応用にすぎなかったのです。ときおり、私たちに聞こえてくるのは、11世紀に天球儀をこしらえて評判になったランスのジェルベールのような人たちだけです。仮に、職人が大学に入ることを許されたとしても、──そんなことは考えられもしませんが、── 数学の問題に関しては得るところはなかったでしょう。ヨーロッパで最も有名な、パリのソルボンヌ大学でも、数学は試験科目には入っていませんでしたし、1408年になってさえも、オックスフォード大学の入学資格には整数の計算の知識しか必要がありませんでした。

　つまり、教育はすべて普請小屋の人たちの間で行われたということになります。優れた棟梁から教えられる伝承こそが、大きな建造物を建てることを可能にしたのです。棟梁を志す者は5年の間〈石工〉の修業をしなければなりませんでした。そのなかには短い期間、左官としての修業も含まれましたが、それだけでは不十分で、1563年の現場の規定では次のようになっています。「5年の間は一人の石工のもとで修業し、石を削ったり、レンガが積めるような技を身につけたりするというのが昔からの仕来りである。このような技を3年間しか修業していないものは、レンガ積みだけを行うべき者で、レンガ積み職人と呼ばれるべきである」。こうした成り立ての徒弟は、次に2年間遍歴に出かけて、

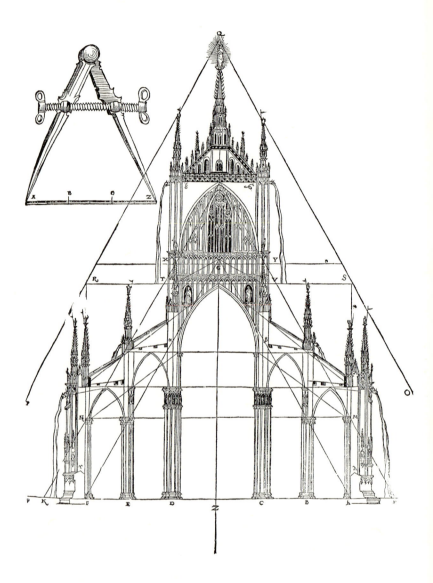

ミラノ大聖堂の長堂の断面図 「ドイツの石工による三角形に基づいた正投影図」
ヴァルター・ライフ『ドイツ語版ウィトルウィウス』、ニュルンベルク、1548年より

ヨーロッパ各地の大小の建設現場を訪れます。この期間が過ぎると、石工の親方に雇われるか、あるいは、彼自身が棟梁になろうと思う場合には、引き続き、有名な棟梁の〈親方見習い〉になります。この場合には、改めて最短で2年の修行期間中に、親方資格課題作品をいくつか仕上げ、それによって〈親方〉として認められることになるのです。

〈有資格職人〉になれば、もう、将来行うすべての分野の業務に携わることになります。建築を行う石工は、建築家であると同時に、彫刻家でなければなりません。中世においては、これらの二つの能力が別のものと考えられることはなかったからです。そこで彼らは、建築の一部分となる彫刻の仕事、例えば、柱頭、葉状飾り、あるいは、もっと単純な仕事ですが、要石などを削る修業をしなければなりませんでした。さらに進めば、親方から彫像や浮き彫りなどの手伝いをさせられ、最終的には、何か一つ全部を一人で仕上げるよう任せてもらうことになります。この期間に彼らは、幾何学の法則を学び、これを正しく敷地に適用するための知識を得ます。また、コンパスを使うこと、二本の互いに直交する長さの異なる腕をもった一種のT定規を使って製図することを学びます。さらに進めば、親方は個別の建築区画の監督を任せたり、親方が請け負っている別の現場の責任者として派遣してくれたりするでしょう。15世紀および16世紀になると、以上のことが普請小屋規定の文書として伝わっていま

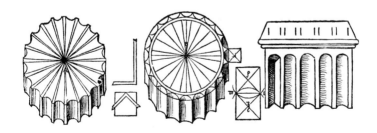

「あぜと溝のついた円柱の図」　ヴァルター・ライフ『ドイツ語版 ウィトルウィウス』より

すが、これらは、ずっと以前から仕来りとして守られてきたことなので、それ以前も同様であったと考えてよいでしょう。

　中世の、このように豊かな伝統の下では偉大な棟梁たちが育っていたに違いありません。多くの棟梁たちのことが伝えられていますが、そのなかには、名前さえ知られていない人たちもいますし、歴史の記憶からは消え去っているものの、その人の証として、作品だけが高くそびえ立っていることもあります。ストラスブールの場合には、大聖堂の一部分がエルヴィン・フォン・シュタインバッハと結びつけられます。プラハの場合には1352年、皇帝カレルⅣ世がグミュントのペーター・パルラーをヴィトゥス大聖堂の工事続行の任に当たらせてから、その一族は、建築家のパルラー一族としてドイツ全土に広がりました。この一族はさらに、イタリアまで赴き、ミラノ大聖堂建設にも携わっています。サン＝ドニ大修道院の棟梁の名前はわかっていません。その名前は、修道院長のシュジェという、激しく、意志の強い依頼人の陰に隠れてしまっているのです。アミアンとランスの大聖堂の仕事に携わった人々は、外陣の床の、大理石に象眼したラビリンスによって、その名前を遺していますが、彼らについても、それ以上のことはわかりません。これに対して英国では、大勢の著名な棟梁の名が知られており、教会堂や世俗的な建造物をこれらの棟梁と対応させることができます。総じて英国では、史料がとくに豊富です。また、イタリアの状況は、他のヨーロッパ諸国とは全く逆であるように見えます。〈コマーチニ〉に〈職人の集団〉があり、中世の間ずっと、パレルモからラインラントまでの、石工や大工の仕事を請け負っていました。14世紀に至るまで、とにかく大きな人格をもった棟梁が存在していなかったのです。また、アルプス以北の場合とは違って、彼ら自身も強力な計画者・発案者という地位を目指そうとはしていなかったようにも見えます。イタリアでは、北方的な意味でのゴシックというものが理解されていなかったし、実際に取り入れられることもなかったのです。唯一の例外がミラノ大聖堂で、これは北の影響を強く受けており、その造形には、基本的にドイツやフランスの建築家の助言や実際の助力の跡が見られます。ミラノ大聖堂をのぞけばこの時代のイタリアの、大きく、また、しかるべく著

名な教会建築が、他の国々と共有しているのは、ゴシックという名称だけなのです。ようやく15世紀になってイタリアの人文主義者の一人がドイツやフランスに見られる意味とその圧倒的な美しさに気づいたのです。

「技巧的な溝の施された美しい、古典的な柱基」
ヴァルター・ライフ『ドイツ語版 ウィトルウィウス』より

［図版Ⅱ］ピーテル・ブリューゲル（父）《バベルの塔の建設》（1563年、部分）ウィーン、美術史美術館所蔵
建設現場への物資の搬入は水路で行われています。木材は筏にされて運ばれ、鮮明な赤い色のレンガと石灰
石は艀で運ばれます。人夫がレンガを建物の中に運び込んでいます。建物の化粧貼りに使う大きな板状の切

石が、トーナメントとも呼ばれる踏み車によって、また、籠や木材は、すぐ脇にある、小さい方の滑車つき
の起重機によって巻き上げられます。前景の方では、人夫が2、3人いて、家畜を揃えているようです。また、
4台の荷車が、車輪がしっかりとするように水につけられています。　　　© Erich Lessing / Art Resource, NY

その人こそ、エネア・シルヴィオ・ピッコローミニ、後の教皇ピウスII世です。彼は、神聖ローマ帝国皇帝フリードリヒIII世および教皇エウゲニウスIV世の顧問官としてコンスタンツ公会議にも参加し、ドイツ、オーストリア各地を広く旅したことのある人物です。ゴシック建築に感嘆した彼は、故郷の町ピエンツァに、なんとしても、ゴシック様式の教会堂を建設するようルネサンスの棟梁に求めたのです。

　カンタベリー大聖堂の場合には、棟梁としてギヨーム・ド・サンスが知られていますが、その名前からフランス出身であることがわかります。1174年、大聖堂の東の部分が内陣とともに火災で崩れてしまったのですが、その再建を委託されたのがギヨームです。ここで、カンタベリーのジェルヴァーズによってラテン語で書かれた年代記の該当部分を引用することにしましょう。それというのも、このように大きな建設現場の状況をありありと見せ、その時代の、このような人物の立場というものにはっきりとした光を当ててくれるものは他にないと思われるからです。『カンタベリー修道士ジェルヴァーズよる1174年前後の年代記』には、次のように記されています。

　　そうこうするうちに、修道士たちは、焼け落ちてしまったキリスト教徒の聖堂がどのようにしたら建て直せるのか、その方法を探し求めた。そのため、フランスや英国の専門家たちが呼び集められた。しかし、彼らの提案するところは、一人一人大きく異なるものであった。その上に横たわっている壁全体に手をつけることなく損傷した円柱の修理が可能だと約束する者もいたし、また、他の者たちは、反対に、聖堂を取り壊さなければならないと述べた。この言葉は正しいものではあったのだが、修道士たちを

絶望に陥れた。

　しかしながら、他の棟梁たちのなかに混じってサンスから来たギョームという男がいた。この男は非常に活動的であり、木工や石工の仕事にかけては神経の細やかな仕事をする巧者でもあった。そこで修道士たちは、この男の活き活きとした独創性とその高い評判を見込んで、この仕事に就かせることにして、他の棟梁たちを去らせた。こうして、彼の、そして神の御心に導かれた計画が進められるところとなったのである。彼は、何日も修道院で過ごし、焼けた壁を上から下から、また、建物の内部・外部をくまなく調べたのだが、修道士たちが、さらに気落ちしないようにと、必要になる措置については長い間語らずにいた。それにもかかわらず、自分自身や他の人たちの仕事に必要なものはすべて準備していたのである。修道士たちもやや落ち着き、元気を取り戻した頃を見計らって、控え柱が火災でいたんでいるのでその上にある壁全体を取り壊さなければならないが、再建すれば、頑丈なばかりか比類なく美しい建築物になるだろうと、助修士たちに巧みに述べた。最終的には、彼らも——彼のこの明確な考えに納得して——この計画に賛同した。それというのも、ギョームは、新しい建築物には最大限の安全性をもたせると約束したからである。彼らは、心を痛めつつも、キリスト教徒らしい忍耐心を以て内陣の取り壊しに甘んじたのである。

　海路によって石材を運び入れる準備がされた。ギョームは、石材を船に積んだり降ろしたり、陸上を運搬したりするための、非常に独創的な起重機を製作した。また、カンタベリーに集まってきた石工たちに石材をどのようにしつらえるべきか、その形を示し、万端にわたって組織的に用意周到な配慮をした。このように、崩れ落ちた聖堂の内陣の撤去作業が行われた。1174年には、この工事のため、新しいものは何も建設されなかった。

　次の年（の秋）、聖ベルティヌス祭の後で、手始めとして、4本の支柱が向き合って立てられた。その後、冬が過ぎ去ってから、ギョームはさらに2本の支柱を立てたので、両側にそれぞれ3本の支柱が並ぶことになっ

た。そして、ギヨームは外壁を築きアーチやヴォールトをこの上に正しく載せた。つまり、三つの要となる部分が両側に置かれたことになる。私は天蓋全体に対して要という表現をするが、これは、中央の要石が、それに向かって積み重ねられた建築の要素を固定させるように思えるからである。この工事で2年目が終わった。

　次の年には両側に2本の支柱が付け加えられた。ギヨームはこれらの柱のまわりに大理石の小円柱を巡らして飾った。そしてこれを、主たる柱として、内陣や翼廊と一体化しようと考えたのだ。(内陣に) 要石が据えられ、ヴォールトが完成すると、教会堂の主たる塔から始めて上述の支柱、つまり、交差部に至るまで、数多くの大理石製円柱で構成されたトリフォリウム [身廊上部のアーケード] を取り付けた。その上方にはさらに、他の材質からなる第二のトリフォリウムを取り付け、さらにクリアストリー [高窓] を取り付けた。これら、われわれすべての修道士ばかりでなく、観る者すべてにとっても、たぐいなく、非常に賞賛すべきものと思われた。これらのことどものため、3年が過ぎ4年目が始まった。

　1178年の秋、——交差部から始めて—— 10本、つまり両側に5本ずつの支柱が立てられた。このなかで、両側の最初の2本を大理石の付け柱で飾り、互いに向かい合う主要な柱としたのだ。これらの10本の支柱の上にアーチとヴォールトが張り渡された。この部分にトリフォリウムとクリアストリーを取り付けたのち、ギヨームは巨大な交差部ヴォールトを架けるための装置を用意した。5年目の始めのことであった。この準備のさなか、両足の下の梁が突然折れ、ギヨームは足場と石材もろとも、上部のヴォールトの柱頭の高さから地面まで落ちてしまったのだ。約15メートルの高さであった。彼は梁と石材で重傷を負ったので、それ以上仕事を続けることができなくなってしまった。しかし、彼以外には、負傷者はいなかった。

　ギヨームは長い間ベッドで過ごさなければならなかった。それでもずっと、快復を願っていた。しかしながら、その望みがかなえられることはなかった。冬が間近に迫り、交差部のヴォールトを仕上げなければならなく

なったので、実際の作業を、勤勉で創意に富んだ一人の修道士に任せることにした。この者は、石材を据える工事を取り仕切ったことがあり、このことで、多くのねたみと悪意をかってはいたものの、若年にもかかわらず、有能で、すでに定評のある石工たちよりも明らかに巧みであると思われていた。しかしながらなお、棟梁のギヨームは病床から、まず何をし、次に何をするのかを指示していた。そのようにして交差部のヴォールトが完成した。

　さて、上述の棟梁ギヨームは、どのような医術によっても、また医師の手当てによってももはや快復の見込みがないことを悟り、仕事を辞めて、海を渡りフランスはセーヌ川のほとりに戻っていった。仕事を引き継いだのは、名前を、ウィリアムという男 ——英国人—— であった。背の低い男であったが、異常なほど巧みであり、すべての仕事に定評があった。

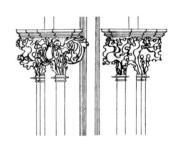

レーゲンスブルク大聖堂の正面入り口の構想図に
もとづく習作の一部、15世紀

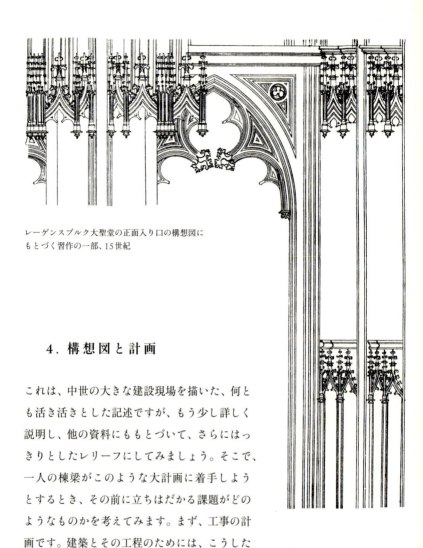

レーゲンスブルク大聖堂の正面入り口の構想図に
もとづく習作の一部、15世紀

4. 構想図と計画

これは、中世の大きな建設現場を描いた、何と
も活き活きとした記述ですが、もう少し詳しく
説明し、他の資料にももとづいて、さらにはっ
きりとしたレリーフにしてみましょう。そこで、
一人の棟梁がこのような大計画に着手しよう
とするとき、その前に立ちはだかる課題がどの
ようなものかを考えてみます。まず、工事の計
画です。建築とその工程のためには、こうした
設計案が必要な書類として準備されていなければなりません。ですから、棟梁
は図面を描き上げておかなければなりません。中世の棟梁たちが、その考えと
計画を具体化するのに利用できた用具については、よくわかっています。図面
には、羊皮紙、つまり、なめしてスクレーパーで平らにした獣皮、まれには、石

灰水で仕上げられた獣皮が用いられました。このような羊皮紙一枚の大きさに
は限度がありますから、大きな図面を描き上げるには、何枚かを縫い合わせな
ければなりませんでした。縫い合わせには細い革紐が使われました。なかには、
長さがほとんど5メートルに及ぶものまで知られています。図面用としては、
紙も使われてはいましたが、中世においては、紙が大層高価だったので、羊皮
紙の方が多く用いられたのです。また、普請小屋では、図面を始終参照しなけ
ればならないので、破れやすい紙では激しい使用に耐えられなかったというこ
ともあります。小さな見取り図の場合に棟梁が使っていたのは蠟を引いた板で
した。さらにもっと重要な役割を果たしたのが木の板です。木の板には、絵画
の場合のように、石灰で地が施され、その白い下地の上に図が描かれたのです。

　図面は、鉄筆で下地に刻み込まれ、単色でした。もしくは、鉛筆か銀筆で、
あらかじめ下絵を描いておき、その刻み目をインクで仕上げました。今日使わ
れている烏口は、そのネジにいたるまで中世以来変わっていません。

　棟梁の道具の極めつきはコンパスです。平面上の点はコンパスを使って幾何
学的に定められました。今日の建築事務所ではもはや見られないことですが、
コンパスは、中世の建設現場では、特別の意味をもっていました。棟梁を描い
たほとんどすべての絵で、棟梁は、その職業のシンボルとしてコンパスを手に
しているのです。それはまあ、1270年頃着工されたレーゲンスブルクのドミ
ニコ会修道院の軒支えの彫像〈ディーマー修道士〉（巻末写真I）に見るような、
人の背の高さの半分ほどにもなる、何とも不格好なコンパスで、〈下絵〉を描
くのに使えるようなものではありません。このような大型のコンパスは、建設
現場で使われたのです。これらの、原寸図を描くのに使われた道具類は、大概、
今日普通に使われているものよりは大型でしたが、使いやすいものでした。

　点が打たれると、すでに述べた〈直線定規〉によって結ばれます。デュー
ラーは、その『人体均衡論』のなかで、単純な曲尺を改良した道具を示してい
ます。これには、第三の可動部分がついていて、これで平行線を引くことができ
ます。

　ところで、このようにして描かれた図面には、キチンとした縮尺がつけられ

市庁舎正面の構想図
石工による、15世紀末

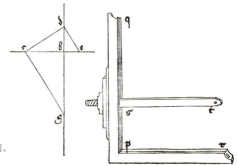

アルブレヒト・デューラー『人体均衡論』、
ニュルンベルク、1529年より

ていませんでした。このことは、図面上の細かい部分を仕上げるときの詳しい
寸法が記入されているのに慣れている現代のわれわれには、何とも驚くべきこ
とです。中世の棟梁たちはむしろ、現場の実状に合わせて仕事をしていたので
す。そのため、設計図にも、二、三の例外を除けば、寸法は記入されていなかっ
たのです。

　ゴシックの棟梁たちにとっては、平面図そのものが、多少とも詳しく描かれ
た構想図にすぎなかったのです。その上には後の段階で平面上の幾何学的比率
が設定されます。つまり、軸線との各交点が、遣形（やりかた）からどのように定められる
べきかが明らかにされるわけです。コンパスは、図面上から寸法をとる紐のよ
うな役割を果たしたのです。

　今日では、立面図や断面図には、状況次第で、何枚かの平面図が添えられま
すが、中世においては、事情が全く異なっていたようです。今日まで伝わって
いる設計図では、立面図と平面図は数からすると50：50
です。すなわち、両方の図がほぼ同数現存していること
になります。ところが、立面図の重要な部分をなす見取
り図や断面図が完全に欠落しているのです。

　棟梁は現場に行くと、軸線から測定された点を固定す
るため、その場所に木の杭を打ち込みます。ゴシック建

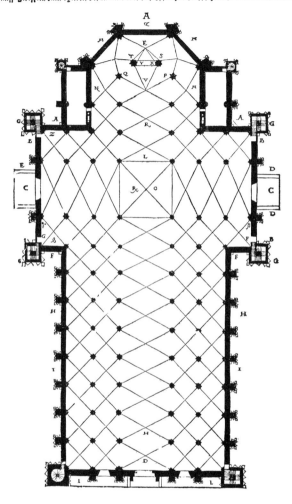

ミラノ大聖堂の平面図

ヴァルター・ライフ『ドイツ語版 ウィトルウィウス』、ニュルンベルク、1548年より

築で用いられるプロポーションに関する現在までの研究からは、どのような点が重視されたのかわかっていませんが、内陣の中央に位置する点、つまり礼拝上重要な点を出発点とする縄張りが好まれたようです。ケルン大聖堂の三王礼拝堂では、実際、このような点が用いられたことがわかっていますし、またミラノでは、このような点による位置決めが、ほとんど一目瞭然、はっきりと見られます。

　次に、主軸は方位にしたがって設定されます。教会堂は、東西の方向を軸として建てられるのが決まりで、これからの逸脱が許されるのは、ごくまれなことでした。あらかじめ定められた起点の上に羅針盤を置けば、東西の方向は、その針と直交することになります。直角を定めるには、いろいろな器具がありました。第一が、直定規です。照門と照星のついた照準器を使えば、作業が楽になりました。また、同じ原理にもとづく、同様の器具類もありました。現地で三角測量を行うには、——15世紀ドイツの建築家ロリツァーやシュムッテルマイヤーの小冊子に述べられているところでは、—— 大概は、まず正方形を設定することが必要になります。長方形を設定するには、それだけでも幾何学的な測量術の知識が必要になりますが、これについても、同様、補助手段となるさまざまな器具が発明されています。ライフは、われわれにさまざまな照尺盤を見せてくれます。これらを使えば、対角線に照準を合わせることができます。こうすれば、角度を分割することもできますが、30°や60°の方向を設定することもできました。土台の形を定めるのには、しばしば正三角形が用い

られたので、そのような場合に重要な役割を果たしたのです。器具の多くには、照準器のついた可動式の腕がついていて、照尺盤は経緯儀のように使うことができました。

また棟梁には、設計した建物の模型を依頼人の前に置いての説明が必要になることもあります。このような小型模型は、木か石膏でつくられました。その場合、建造物の寸法や細部は縮尺どおりではありませんでした。中世の模型については、文書が伝わるだけですが、ルネサンス期に入ると、ようやく模型がいくつか遺っているので、いろいろなことがわかります。

中世から伝わる聖堂寄進者の肖像や、墓石には、建造物を縮小した複製がしばしば見られますが、大概は、すでにあった建造物の形式的な複製ですから、模型として見るべきではありません。建築模型として、高度に芸術的、かつ、比率も正確なものが多くつくられるようになったのは、ようやく、ルネサンス期になってからです。また、まれにではありますが、正しい縮尺でつくられているものもあるので、技術的な問題については、これらによって研究することができます（14世紀、フィレンツェ）。ドイツで保存されている最も古い模型は、アウクスブルクの物見櫓のもので、1515年につくられました。レーゲンスブルクには非常に美しい模型が保存されていますが、これは1519年から1520年につくられた新小教区聖堂〈美しきマリア〉の模型（巻末写真2）です。

依頼人と建築家が、このような模型と設計図にしたがって、その建物の寸法と将来の姿を決定すれば、仕事が始められるようになります。

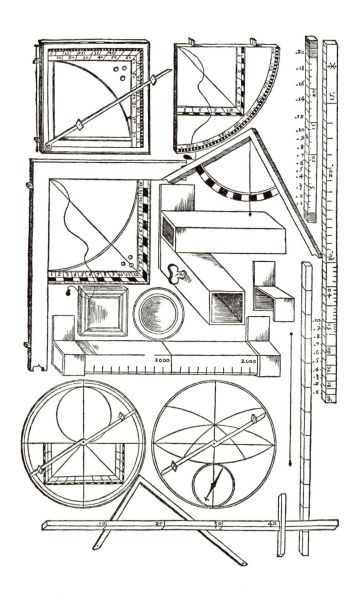

測量器具類
ヴァルター・ライフ『幾何学的測量について』、ニュルンベルク、1547年、木版扉絵

5. 掘削と請負

ゴシック時代の勘定書きや建設契約書などには、保存されているものが多数あるので、請負関係についてはかなり正確な全体像がわかります。土木工事は、全部が一人の業者に委託されるのではなく、いくつかの区画に分けて、〈班〉に請け負わせるのが普通でした。〈班〉は、それぞれが一人の監督に指揮されていました。契約書に書き出された条件は、大概、積もった土砂を取り除いたり、所定の場所に積み上げたりするといったことでした。このような仕事は、出来高払いか、日当で契約されました。このうち、日当で支払われるのは、慣例として、作業者が普請小屋の従業員の場合でした。レオンハルト・フロンシュペルガーは1543年に印刷された建築法規のなかで、出来高払いに対しては、日雇いとは区別して、〈請負仕事〉という言葉を使っています。

　業者、つまり、レンガ積みや大工の親方、石材、材木納入業者、車引き人足や物資の水上輸送をしてくれる艀の持ち主などとの契約は、担当の公証人立ち会いのもとで結ばれました。業者は保証の必要があったため、保証人が指名されました。このような契約は、英国でも、フランスでも、ドイツでもそうですが、まず、正副二通が一枚の羊皮紙にしたためられます。そして、二つの文書の間の空白の部分が鋸歯状に切り分けられ、二つの部分が合うかどうかで、建築業者側の書き役と公証人が、正しいものかどうかを確認することができたのです。そこで、この形式には〈ぎざぎざ〉という名前がつけられたのです。

　日雇いで働いていた人たちには、多く、〈割り符〉が使われました。これによって、日々の出勤が確認され、週末あるいは、他の決められた日に支払いを受け

るわけです。ついでながら、中世においては、このような割り符が、他の職種や銀行などでも使われていました。二本の同じ長さの木の棒からなり、一本を書き役が、もう一本を日雇い人がもち、毎日、所有者の名前のついた二本の棒を並べて、両方に同時に刻み目をつけるのです。こうやって、完全な、キチンとした、誤魔化しのない管理が行われたのです。

6. 地中・水中の基礎

さてそこで、基礎となる部分の掘削が始まります。もちろん、その形と工事の方法は、建築の基礎をどのようなものにするのかによります。中世の建築施工上の最大の弱点の一つは基礎工事でした。11世紀および12世紀には、基礎工事関係の技術的知識は、明らかに最低の水準にまで落ちていたようです。実際、ミサの最中にさえ、鐘が鳴らされると、塔や、建造物の他の部分が崩れ落ちたりしたという当時の報告が何十もあるのです。例えば、ウルム大聖堂の塔は、以前には住居群だった地下室のヴォールトの上を少々補強しただけの上に建てられたものでした。また、ミラノ大聖堂の交差部主柱には基礎工事が全くなされておらず、フランスから招かれた建築家のミニョーによって、崩落確実と指摘され、——建設開始直後に—— 大至急取り壊されています。ストラスブール、ヒルデスハイム、シャルトルの場合にも、ところどころで基礎工事にこうした欠陥があったため、19世紀や20世紀になると、文化財保護活動の際の重要な課題となり、基礎の改良と、沈下したり、亀裂の入った壁の一部を修復したりすることになりました。

　地盤固めと基礎工事や建造物の土台づくりおよび壁づくりについては、保存されている建物、発掘物、指示書、文書等々によって研究されていますが、それ

らの見方はまちまちです。ウィトルウィウスは、柱の基礎、水中での基礎工事や
ヴォールト構造の基礎となる壁のしつらえ方について詳細な指示を与えていま
す。それによれば、〈十分に掘り下げて〉埋め込むことが求められています。そ
うでない場合、とくに水中での基礎工事の場合には、杭を打ち込んで、緩い地盤

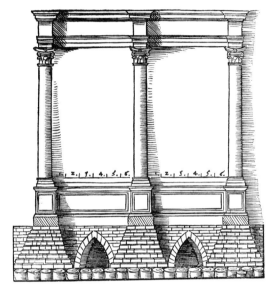

So wir nun die vier manieren der stellung die Columnen zu ordnen/nach der meinung
vnd lehr Vitruuij gnugsam erklert vnnd anzeigt haben/kompt vns auch dise leiste manier
fur Eustyla genant/das bedeut die best vnd wol geordnet stellung der Columnen / darumb
solche von Vitruuio fur die aller bequemist geacht wirt/ solche wolstehende zier
liche art wirt in volgender Figur mit S T S bezeichnet. Dieweil aber dise manier Vitru-
uio sehr wolgefellig/ spricht er/ dz dergleichē kein gebew der gestalt in Rom sey/ als wolt er
damit anzeigen dz auch ein solche wolstehende bequeme wolgeordnete weiß/ oder manier Eu
styli der Stat Rom ein zier wer/ zeigt damit an wie in Asia solche gebew stehen in der Stat
oder Insel Teos/ welcher Plinius gedenckt im 3 1 cap. des 5 buchs/ wie hernach im 1 ca.
des 4 buchs anzeigt wirt/ vñ wirt dises gebew von Vitruuio Octostylos genant/ von we-
gē der 8 Seulen oder Columnen/ vñ sol hierin das spacium zwischen den Seulen/ wie des
Tetrastyli vñ Hexastyli in der mitte sein dreyer viertheil der Columnen/ dicker vñ grosser
wann die andren/ daraus der prthumb zu mercken des Octostyli des vorschopffs oder Pro-
nai des Panthei M. Agrippæ/ der sonst ein herlicher furtrefflicher Architectus gewesen/
oder mag solcher prthumb dem / von welchem solcher baw wider restauriert worden zuge-
messen

円柱の土台　ヴァルター・ライフ『ドイツ語版 ウィトルウィウス』より

を強化しておかなければならない、としています。

　さらに打ち固めたり、陶土層や粘土層を地面と壁の間に詰めたりして基礎の負荷能力向上が図られました。これには二つの利点がありました。第一に粘土には排水性があり、第二に必要な弾力性を与えてくれるのです。大概の場合、例えば、支柱のような個別の点に非常に大きな荷重がかかり、基礎の上で不均等になるので、沈下が起こってしまいます。もちろん、さらに建物全体を取り巻く壁の層が設けられるのが普通でした。このことは、15世紀の指示書からもわかります。この層は、荷重を受け止め、それを均等に分散します。ラッハーの建築書には、工程が次のように具体的に説明されています。すなわち、踏み固めた粘土の土台が用意できたら、〈砕いた石の床〉つまり、切り石を敷くのです。

「交差した頑丈な壁。地面にかかる大きな荷重の分散のために瓦礫と壁が用いられる」
ヴァルター・ライフ『ドイツ語版 ウィトルウィウス』より

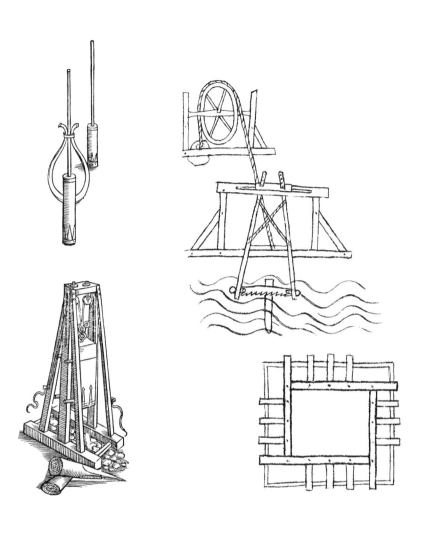

左：「一般的に最もよく使われている土衝きと引き揚げ機本来の形」『ドイツ語版 ウィトルウィウス』より
右上：水中で杭を切断する機械
右下：これには「このようにすれば、短すぎる木材から塔や家を建てることができる」という文面が
付けられている。―― 見たところ、大工たちが楽しみにやっているようだ
（ハーンローザー図版45、本書69頁参照）、ヴィラール・ド・オヌクールの見本帖より

ウィトルウィウスは、柱を並べて立てるときなどには、合端をつけた頑丈な壁からなる格子を張り、さらに隙間には筋交いを設け、切石を詰めておくべきだとしています。

　水中での基礎工事は、とくに、困難な仕事になりました。用地がよくない場合にはなおさらです。しかし、ゴシックの建築物でも、格子状の杭の上に建てられたものがいくつも知られています。最もよく知られた例はヴェネツィアのものですが、マインツやストラスブールの大聖堂も、部分的には、杭の上に建てられています。困難ではあるものの、中世の棟梁たちは、このような方法で、基礎工事の問題を解決しました。あたりまえのことですが、杭は水の中で、ずっとそのまま保持されていなければなりません。さもなければ、腐って役に立たなくなってしまうからです。杭は、重いハンマーを使って手で打ち込まれるか、杭打ち機によって打ち込まれました。重い木製あるいは鉄製の角材が、機械によって高いところまで巻き上げられ、杭の上に落とされるのです。打ち込みが終わると、杭の端が、まだ水面の上に出っ張っていることもありますが、これらは鋸で切り落とします。ヴィラール・ド・オヌクールは、彼の見本帖のなかで、水中で鋸を使って切断する作業を容易にする機械の図［45頁右上図］を示していますが、これは、ハンドルを手で左右に動かすと鋸の歯がこれと平行に動くという仕掛けです。左上に見える車輪は、石の錘のついた縄で鋸の歯を、垂木を切り詰める場所に合わせるためのものです。「水中で、この機械を使って杭を切断すれば、その上に板を敷くことができる」［ハンス・R・ハーンローザー『ヴィラール・ド・オヌクール』ウィーン、1935年］のです。

　杭を打ち込むと、そのために一時水面が上昇して、やがてまわりの地面に逃げてゆきます。ラッハーが息子にあてた『伝授書』（1516年）のなかで次のようにはっきりと書いています。「全部［の杭］を並べて打ち込み終わったら、水は消え去るから問題にならず、それ以上、君を煩わせることはない」

　ウィトルウィウスは、著書の第七書において港の建設の際の基礎工事について正確な記述をしていますが、これは原理的に、今日でも普通に行われる矢板囲い工法に他なりません。また、ライフがその著書の章に添えた木版画［47頁下図］

上：「マルクス・ウィトルウィウス
変わらぬ愛好者にして精密な修復者による」
ヴェネツィア、1511年より

下：「頑丈にして強固な港と
その付属設備の図」
『ドイツ語版 ウィトルウィウス』より

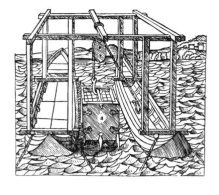

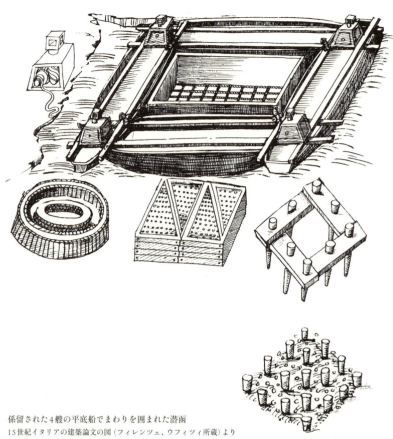

係留された4艘の平底船でまわりを囲まれた潜函
15世紀イタリアの建築論文の図（フィレンツェ、ウフィツィ所蔵）より

　では、左手前にそのような二重の矢板囲いが見られます。内側の囲いの中からの
排水は、いわゆる〈アルキメデス螺旋〉によって行われています。内側と外側の
囲いの隙間では、大きな手動の汲み上げ用の車が回っています。互いに嵌め継ぎ
された板が、全体として頑丈な角材につながれて長方形を形成しています。
　15世紀の中期以降のことになりますが、フィラレーテは次のように述べてい

ます。「ヴェネツィア人は、土台を築こうとする場所の周囲に約60センチメートルの間隔で杭を打ち込んだ。次に、その内側と外側に板を釘づけにして二重の板塀にする。こうしてでき上がった箱からポンプで排水し、この中に杭を格子状に打ち込み、隙間には、細かく砕いた石を詰め、その上に水面まで壁を築く。この基礎の上に、普通に行われているように、レンガの壁をつくるのだ」

7. 建設開始

さて、基礎ができ上がると、次の重要な仕事は、資材の搬入、整理、保管などです。砂や石灰などの採石場からの運搬、焼成したレンガや、焼かずに乾燥したレンガの検査と購入、足場や機械類をつくるための木材の調達について計画し実行する必要があります。すでに引用したギョーム・ド・サンスに関する文書には、棟梁にとってのさまざまな課題がはっきりと述べられていましたが、さらに、建築全体のみならず、各部分の詳細まで、完全に明確にされなければなりません。

　これらの仕事は、普請小屋の床の上で行われました。大工たちが屋根の小屋組みの準備を行ったような場所など、作業現場となっていたところでは、今日でも、その跡がかすかに見られることがあります。大工たちは、床に実物大のひっかき傷をつけ、それにしたがって材木を仕上げたのです。中世の棟梁たちはもっぱらこのやり方をしていたので、広い場所が準備されます。指物師に平らな板の床をつくらせるか、それでも広さが足りないときには、左官に、広いところで土間のような場所をつくらせました。これには、建造物の、すでに屋根ができ上がっている部分や、教会堂などが使われることも少なくありませんでした。こうして、

すでに羊皮紙や紙の設計図の上に描かれた必要な線を床の上に原寸で刻みつけ、正確な寸法がとれるようにしたのです。

このようなことから、設計図に断面図がほとんど見られない理由がわかります。断面は建設現場のその場所で考えられ、つくられたのです。もちろん、そこには幾何学的な基本原理がありました。これにもとづいて、窓や柱、添え柱などの詳細が描かれました。このような建築要素の基本的な寸法はそれにつながる壁の強度によって決まりますが、これにもまた、大まかとはいえ、決まった規則がありました。ここでは、交差部の設計を詳しく論ずることはできませんが、ただ、基本となる寸法をとり、それにしたがって正方形を描き、その面上、斜めにずらして正方形を重ねて描いたとだけ述べておくことにしましょう。このような手順をさらに続けて任意の小さい部分をたくさん描いたのです。これらはしかし、交差部の基本的寸法に対して、つねに、一定の比率をなしていました。このようにしてできた網の上に、石の輪郭の断面図が描きこまれたのです。

輪郭は、非常に複雑な形になっていることが少なくありません。そんな場合に、指物師が使ったのが木製の型板です。石工が、材料の上に寸法をとるのにも、やはり同じ方法が用いられました。石材の上に型板を置いて、その輪郭をもつ縁に沿って刻み目をつけたのです。遣っている

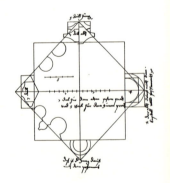

ローレンツ・ラッハーによって普請小屋の床を
製図板にして描かれた柱の刻り型。
(パウル・ボーツ『ゴシックの棟梁』、102頁、図18)

50

ゴシック建築の平面図を見ると、いろいろな輪郭が一面に錯綜しており、今日では、はっきりとは識別できず、確定には至っていません。そのような模様や型板の再現は、いまのところ紙上の計画にすぎません。柱やアーチは、何か所かで、水平に切断され、床の面と平行になるようにした形の部材として運び込まれたのです。こうすると、石の据え付けが容易になります。もう一つの補助手段は、据え付けるための印です。これは、ランス大聖堂を描いたヴィラール・ド・オヌクールの絵に出てくるものです。ただ、もっぱら作業上の目的のためにつけられる印と、中世の教会堂の壁にきわめて多く見られる、いわゆる石工の印とを取り違えてはなりません。このような石工の印は、製作者の印、すなわち、施工者の署名

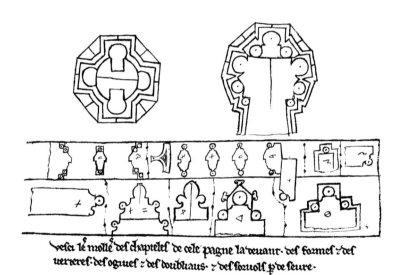

上左：ランス大聖堂の身廊の支柱。上右は内陣礼拝堂の隔壁の前にしつらえられた6本ある四分の三柱のうちの1本　ヴィラール・ド・オヌクールより

下：「ここに見られるのは、前述の礼拝堂、窓の迫持ち、トレサリーなどで、その上には交差ヴォールト、コーニス、アーチが示されている」（ハーンローザー図版63）、ヴィラール・ド・オヌクールより

です。これは、決済の際のよい証拠ともなりますし、もちろん、そこには
また、職業的な自負心も一役かっていました。石工が徒弟の修業を終え
ると、親方からそんな印を授けられ、生涯にわたって用いたのです。

8. 運搬と据え付け

中世やルネサンスの建設現場における〈機械置き場〉については十分な
情報があります。とはいえ、千年という時の流れのなかでのことですか
ら、問題も残っています。建築が豪華なものになるほど、動かすものの
数も多くなり、また、重いものを持ち上げたり据え付けたりする必要も
生じます。本書でもすでに引用したカンタベリーの記録からも、そのよ
うな場面のいくつかを知ることができます。物資の輸送はかなりの距離
になりました。フランスのカンの石切場から海までは約15キロメートル
あり、海岸からは、あらかじめ部分的に加工された石の塊を艀に積んで
英国まで海峡を渡り、そこでまた降ろすことになります。ドーヴァーか
らカンタベリーまでは、また、陸路を25キロメートル運ばなければなり
ません。ついでながら、英国は、中世の全般にわたり、さらには、近代に
入るまで、ずっと、石材をフランスの採石場から取り寄せていたのです。
1532年になってもカンの大理石496個がウィンチェスターに運ばれ、そ
こで建設工事に使われたということです。これに対して、フィレンツェ
で化粧張りに使われていたのは、ほとんど全部がカッラーラ産の大理石
でした。緑黒色のものは、近くにあるプラートの採石場から、赤いもの
はサン=ジュストから取り寄せられました。採石場で準備された石板は、
——契約書からわかったことなのですが、—— 建築現場、つまりフィレ
ンツェでようやく買い取られることになるのです。

「地上で重量物を運ぶ機械の実際の形。ウィトルウィウスの趣旨にもとづく」
ヴァルター・ライフ『ドイツ語版 ウィトルウィウス』より

［図版III］ピーテル・ブリューゲル（父）《バベルの塔の建設》（1563年、部分）ウィーン、美術史美術館所蔵
右下の港の上方にも〈トーナメント〉と呼ばれる起重機が一台見えます。その上の段には、本式の起重機
がありますが、踏み車が二つあって、両方にそれぞれ二人の労働者が入って回せるようになっています。

下の張り出しのところから、一人の労働者が、揺れる石材がどこにもぶつからないよう指図をしています。
ここでは、ちょうど、堅い岩の芯を最終的に覆う作業を始めたところです。左側では、大工たちがトンネ
ル・ヴォールトのための木製の迫枠を据え付けています。　© Erich Lessing / Art Resource, NY

大きな建築現場の場合には、いうまでもなく、所属の石工たちが採石場に配置されていて一人の監督の下で働いていました。この監督は、採石場の所有者との取り決めにしたがって石の下選びをしました。彫像用などとして選別され、建設現場に運んでから加工される石塊は、目方で売買されました。交渉係は、石が到着する際にはその場にいて、個々の石をよく見て確かめなければなりませんでした。それには、何トンもの重さになる石が、どのような場所で必要とされ、どのように納められるのかを、はっきりと思い浮かべる想像力が求められたのです。そのような石塊の目方を量る秤は、秤量可能重量の非常に大きなものでなければなりませんでした。輸送距離が長い場合には、できるだけ水路を用いるようにしました。水は、重量の大きなものでも、比較的小さな力で動かすことを可能にするからです。そのようなわけで、棟梁は、艀にも心を配らなければならないことがありました。

　フィレンツェの建築家ブルネッレスキは多額の費用をかけて艀を一艘つくらせていますが、これは、カッラーラからとくに大きな石塊を運んで来るためのものでした。この艀の建造については、特許さえ与えられたのですが、ピサからフィレンツェに向けての最初の航行の際に、早くも、沈没してしまいました。また、ギヨーム・ド・サンスについても、船と〈きわめて創意に富んだ起重機〉を使って荷の積み卸しをしたという記録があります。

　考古学の研究からわかっていることですが、エジプト人はピラミッドの建設

「各荷重の中心に関するアルキメデスの教えのわかりやすい説明」
ヴァルター・ライフ『ドイツ語版 ウィトルウィウス』より

　の際、巨大な重量のものを斜面路にのせ、畜力あるいは人力だけで必要な場所まで運びました。この斜面路は建設が終わると取り除かれました。古代のギリシャやローマの人々も、いろいろな機械を使って大きな重量物を自由に持ち上げることができました。ウィトルウィウスによって記された機械類も、建築の工程が全く変わってしまった近代まで用いられていたのです。

　まず、水平面上の短い距離ならば、コロによる、石塊や円柱の柱身部の移動が可能です。円柱の場合には、これに器具を取り付けて、車軸のように、転がして移動させることができました。ライフの木版画には、この原理をさらに発展させた機械が示されています。

　ウィトルウィウスによれば、滑車の発明は古代ギリシャにまで遡るという

ことです。距離と引き替えに重量を軽くするという原理は、早くから知られていたのです。もちろん、中世の建設現場では、他にも、直接的に力を伝達する、いろいろな方法を見ることができます。足場には、一重の滑車が取り付けられ、牽き綱が通されていました。

　さらに重いものについては、何人かの男たちに綱を牽かせるというだけでは無理です。そこで、大きな木製のドラムによって駆動される起重機が用いられました。一人から数人の労働者がドラムの中に入って、足で踏んで回したので

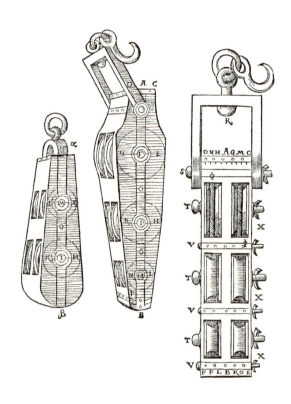

「さまざまな巻き上げ機に用いられる滑車あるいは円盤と小輪の正しい形と寸法と構成」
ヴァルター・ライフ『ドイツ語版ウィトルウィウス』より

す。この足踏み式の車は広く使われていたようで、英国には15世紀のものが遺っています。車がついていることから、これらの起重機は〈車〉とも呼ばれていましたし、ギヨーム・ド・サンスは〈トーナメント〉と呼んでいます。バベルの塔を描いたブリューゲルの見事な作品には、このような機械が何台か見られます。一番下の段には荷を引き揚げる車だけが見えています。その上の、次の段には、家ほどの高さの起重機があります。建設現場全体を見渡すと、もう少し簡単な起重機があちこちに散らばっています。もちろん、極端な場合には、踏み車と滑車を組み合わせて用いることもできました。こうすれば、距離をうんと長くすることができます。ウィトルウィウスはまず、滑車をつり下げる三脚支柱の構造とつくり方について述べています。さらに、きわめて重いものに対しては、太い無垢の丸太に（三重か四重の）滑車を固定し、これで、荷重をほとんど垂直に下げ降ろしました。また、その丸太は、何本もの索条で垂直に保たれていました。このような仕掛けは、限られた範囲とはいえ、丸太の方向が変えられたので、可動性にも利点がありました。

　古代末期および中世初期には、螺旋によって重いものを持ち上げる原理も、ある程度は用いられていました。ヴィラール・ド・オヌクール はそのような機械の図を描いて解説しています。「このようにすれば、重量物を持ち上げる最も強力な機械がつくれる」「上半分が螺旋になった1本の木材が斜材で支えられた台をなす枠の3枚の水平板を貫いている（図上には、……外側の斜めの支柱のうち2本しか見えないが、実際には3本あったはずである）」（ハーンローザー）。むろん、このような機械で持ち上げられる高さは限られたものでした。この装置は、今日でもそうですが、主として重いものを支えておくのに用いられたものと考えられます。ウィトルウィウスが伝えるところでは、このような機械を発明したのはアレキサンドリアのパッポスだということです。アレキサンドリアの人々は、機械学をよく研究していて、それらの発明は多くの書物になっています。

　建築現場における足場の構造と組み方は、時代を通じてあまり変わっていません。石工や石積み工の足の下には安全な足場があること、資材を置くための

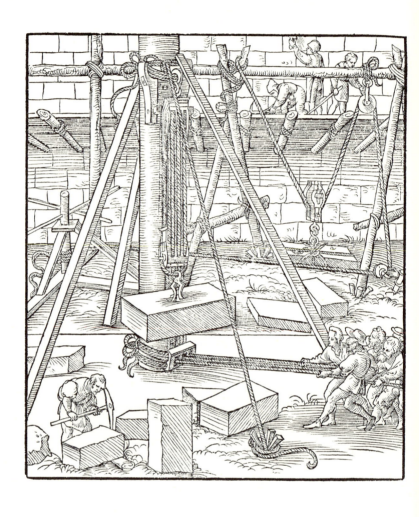

上：「手早く牽引できるよう考案された、広く使われている方法のわかりやすい図解。
ウィトルウィウスの趣旨にもとづく」　ヴァルター・ライフ『ドイツ語版 ウィトルウィウス』より

右上：ウィトルウィウス1550年版による巻き上げ機

左下：ねじプレスの図（ハーンローザー図版44）　ヴィラール・ド・オヌクールより

右下：円柱を立てる機械　15世紀イタリアの建築論文（フィレンツェ、ウフィツィ所蔵）より

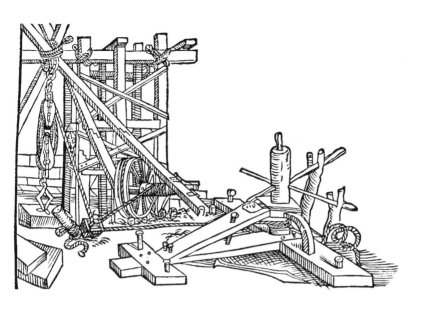

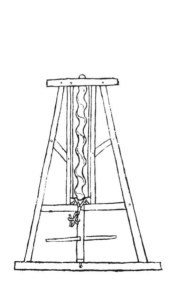

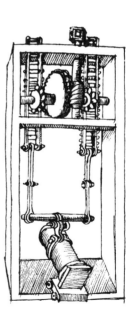

しっかりとした台があることが、いつの時代にも肝心なのは言うまでもないでしょう。ゴシックのカテドラルの高さには、木材の長さでは届かないので、二つか三つの足場をただ上下に重ねただけのものが使われることも少なくありませんでした。ギョーム・ド・サンスのような経験に富んだ棟梁でさえ、そのような足場の許容荷重を見誤った結果、再起不能になってしまったのです。今日では、足場の構造と荷重に関して法律上の規定が設けられ、手摺りや踏み板などによって職人の安全が保証されるようにされています。中世においては、そのようなことはあまり顧みられず、職人ばかりか、建築家が足場から落ちたり、落ちてきた石に当たったりする事故がたびたび起こりました。ところが、こうした事故は、信仰の厚い施主たちに、彼らが奇跡を起こせることを証明する機会になったのです。その種の話はたくさん遺っています。

　リブとヴォールトは迫枠の上に築かれます。この湾曲した木製迫枠の下部は、大きな荷重を受けますが、安全を保たなければならないので、その建設現場は、筋交いで支えられ、ロープとかすがいで結ばれた木材の立ち並ぶ、通り抜けもままならない森のようだったと思われます。フィレンツェのカテドラルの委員会では、壁にすでにひび割れが出ているというのに、迫枠を外してもほんとに大丈夫だろうかという議論をしていますが、その議事録はたいへんドラマチックな読み物です。しかし、結局のところは、鉄製の連結棒を取り付けることで危険を避けることになりました。

9. 小屋組みと他の木材

スパンのきわめて長い屋根を支える小屋組みの構造の発明と施工は、壁の構造と並んでゴシック建築の驚嘆すべき成果とも考えられています。中世におい

ては、大工の技術が非常に大きく向上しました。木材の節約になるような構造
は、ほとんどどあらゆる種類のものが知られており、I6およびI7世紀になると、
われわれが知っているタイプのものは系統的に出揃い、その変形さえも生まれ
ています。

　南方では雨があまり降らないので、古代ギリシャ・ローマの人々は、傾斜の
急な屋根には関心をもちませんでした。ですから、ウィトルウィウスにも、屋
根のことは書かれているものの、必要最小限の記述に限られます。実際に用い
られていたのも、支柱の間隔の狭い、平らな屋根でした。これに対して、12世
紀初頭のヴィラールの場合にみられる、屋根を支える小屋組みの構造は天才的
ともいえるものです。しかし、彼の図には、主桁だけしか示されていないので、

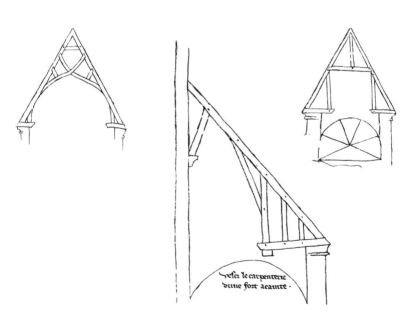

上：側廊の頑丈な木組みと小屋組み構造のさまざま　「さて、ヴォールトのある礼拝堂の壁の上に据える
ことのできる、良質で、軽い小屋組みが見られる」（ハーンローザー図版34）　ヴィラール・ド・オヌクールより
中・右：「ここには、側廊の頑丈な木組みが見られる」（ハーンローザー図版34）　ヴィラール・ド・オヌクールより

母屋桁については補足して考えなければなりませんが、ヴィラールが説明している三つのモデルのうちの一つは、とくに興味をそそられるものです。それは、中間に支柱が設けられないような場合に、木製のトンネル・ヴォールトを、小屋組みに固定できるようにするものです。すなわち、曲線状の木材が、ヴォールトを支えるのと同時に、梁のない小屋組みの支柱の役割を果たしているのです。

ハーンローザーも実証しているように、側廊を頑丈なものにするため、屋根にはこのような形が用いられているものが少なくありません。図上、第三の屋根は曲線状の壁の上に組み立てられた特別のものです。そのため、梁が通っていません。何よりも、もう一つヴォールトが入ってくるので、これを貫通する、一重あるいは二重の梁がないのです。この種の一重あるいは二重の跳ね出し梁のついた構造は、15世紀の英国の建物に多く、今日でも見ることができます。例えば、ニーダム・マーケットにある小教区聖堂のものは、身廊と側廊をもつ、もう一つの建築物が祈祷者の頭の上に浮かんでいるように見えて、何とも見事なものです。また、グナーデンベルクの修道院の聖堂の小屋組みに関するデューラーの所見が遺されています。

1517年に書かれたデューラーの稿は、主として静力学的な問題を扱ったものです。その初稿は現在ロンドンにありますが、後の最終的なテキストにくらべると構造についての深い言及がなされています。「さらにまた、屋根がその長さの三分の一の高さで、3組の骨組みが重ねられている場合、一番下になる骨組みはその上にある他の骨組みの四分の一の高さでなければならない。……そしてまた、それぞれの壁には、屋根の四分の一がかかるのだから、たいへんな重量になる。……大工や棟梁たちはちゃんと心得ているようではあるが、……屋根は、壁に押す力が働かないよう、それ自身で完結したものでなければならない。教会堂にヴォールトを架けるときには、大きな小屋組みは薦められない。というのも、そのような屋根は側壁に大きな力がかかるので、建物を損傷することになるからである」

デューラーは、構造を詳しく述べられるほどの専門家ではなかったにもかかわらず、この提言は技術的な問題に対する、詳しく、正しい知識を示してい

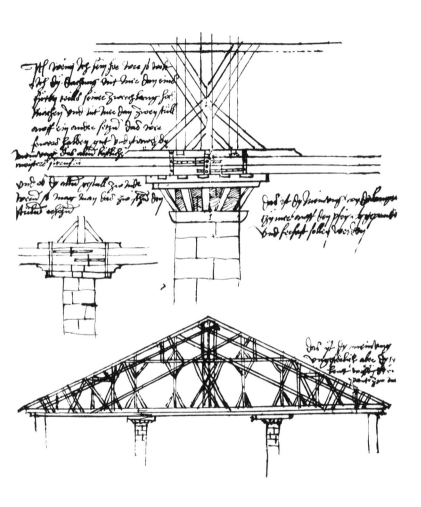

グナーデンベルクの教会堂の屋根に関するデューラーの所見
ロンドン手稿、Add. 5229 fol. 166ª

骨組みづくり、1531年
ヒエロニムス・ロドラー『透視図法について』、フランクフルト、1546年より

ます。デューラーの図は、基本的には４本の支柱の上に載せられている屋根なのですが、そのなかで、力学的安定性を高めるべく、対角線を使って三角形を形成することなど、いくつかの試みをしており、デューラーはまた、支えのついた台の形には特別の注意を払っています。円盤をこしらえて、下の飾り縁によって支えられるようにしています。明らかに、デューラーは梁受けを動くようにして、〈長い建築用材〉が壁や支柱に横からの力をかけないよう、固定せずに渡せるようにしたのです。今日、ニュルンベルクにあるデューラーの清書稿ではこの部分が簡略化されており、円盤のところには二重の台持木が入れられていて、二重の母屋桁が屋根の軸方向に通っています。繰り返しておきますが、全体としてこの稿では、技術的な細部の描写の方が、構造的問題の説明より少ないようです。

　さて、木材の加工については、もう少し述べておくことがあります。建築用の工具や大工道具は、大概、ローマ時代から１９世紀までの間大きくは変化していません。木材を加工する職人が使った主な工具は斧でした。多くの絵からもわかるように、四方のへりに線を引いた角材に、斧で直接形を整えたのです。今日、古い垂木をみると、その不規則さから、こうやってつくられたことがわかるのですが、その見事さには驚嘆せずにはいられません。これらの斧の形には、長い刃にあけられた穴一杯に柄がきつくはめ込まれて、握りは作業が正確に行われるよう、かなり短いという特徴があります。

　木材の加工には、さらに鋸が用いられました。木の板は木枠に張られた鋸

「若い白王が大工とともに建築を学ぶさま」
『白王伝』、1515年頃より

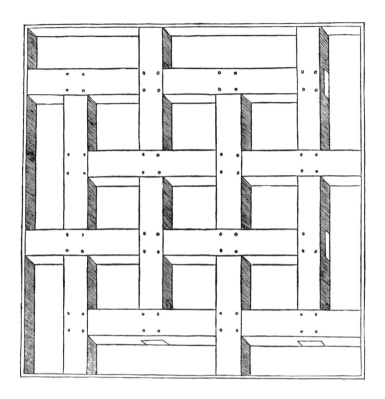

木材を節約する構造
ヴァルター・ライフ『ドイツ語版 ウィトルウィウス』より（45頁の右図も参照のこと）

で切り出されたのです。この場合、職人の一人は、切ろうとする丸太の上側に、他の一人が下側に立ちました。サルディニアの多くの地方では、鉄道の枕木をこしらえるのに、今日でも、こんなやり方をしているのが見られます。鋸にはいろいろな種類のものがありました。片刃手鋸、回し引き鋸、おさ鋸等々です。大工も、石工と同様、水準器を使いました。のみ、ハンマー、スクレーパー、鉋も、ドリルややっとこ、罫書き用の針と同様、道具一式のうちに含まれていました。なめらかに仕上げるには、場合によっては、ざらざらした魚の皮が使われることもありましたが（英国）、大陸の職人たちは砂岩や目の細かいヤスリを用いて作業しました。

　建築現場についていえば、鍛冶屋も忘れるわけにはゆきません。工具を研いだり、ヤスリの目立てをしたり、新しい工具をこしらえたりしました。さらに、鉄製の連結棒や帯金を準備するのもこの人たちの仕事でした―― これらは、合わせ釘として小屋組みで使われたり、起重機の軸受けのリングになった

シュテッフェン・アルンデス、リューベック、1494年より

りしました。工事場では、大概、一人あるいはそれ以上の鍛冶が常雇いになっており、工具類の手入れをしたり、馬の蹄鉄を付け替えたり、車輪にタイヤを取り付ける他、いろいろな仕事をしていました。

10. 監督と管理運営

さて、カテドラルのように大規模な建設現場を管理運営する組織とはどのようなものだったのでしょうか？　一定の形があるわけではありませんでしたが、多くの場合、建築の監督者である棟梁自身が、受け取った資金をその裁量で支出、管理する責務を負いました。16世紀のサラマンカでもそうでしたし、──資料を適切に解釈するならば──ストラスブールでも、エルヴィンがその棟梁としての責務の他に、財務上の全権を委任されていましたが、そのような規則があったわけではなさそうです。このことによって、棟梁の負担が、どのように増えたのかは想像に難くありません。

　多くの場合、司教座聖堂参事会の構成員、あるいは、王や司教、自治体など施主の代表の下に、ある種の〈建築事務所〉が置かれました。また、4か月あるいは6か月ごとに任命される名誉職の市民がいることも、法律家が毎年管理者としての責務を負うことも、少なくありませんでした。これらの人たちの呼び名はヨーロッパ各地でさまざまです。ドイツおよびフランスでは〈Gubernator〉とか〈Magister〉、イタリアや南フランスでは〈Operarius〉と呼ばれました。また、英国には〈工事事務所（Office of Works）〉というものがありました。

　事務所の専従職員としては書記がいましたが、書記の仕事は、給与表をつくったり、建築者側と納入業者の間の契約を結んだり、在庫管理に当たったり、顧問委員会の会議の記録をとったりすることで、とにかく文書づくりの仕事一

切に関わるものでした。さらに、使い番が、一人か二人いました。この者たちは、工具置き場の管理をして、朝には左官や石工に工具を渡し、夕方には再び集めたりしていました。場合によっては、これらの使い番が、下役としての権限をもち、支払いの取り立てをしたり、支払いの滞ったものには催促したりする役割を果たしました。催促に効果がないと、市の警察に持ち込まれることになります。これらの下役は、その他、労働者が勤務時間中に居酒屋に入ったり、許可なく持ち場を離れたりしないように監視しました。また、建設現場での喧嘩口論を防がなければなりません。さらには、給与表にある労務者が毎日来ているかどうかをチェックし、その働きを書記が記録できるようにしました。

　工事の資金源はさまざまでした。教皇の場合には、建設に当たって、免罪を行ったり、小教区一つ分の収入をこれに当てたりしました。自治体の場合、その収入から毎年大きな金額を割くのを避け、その活動を資金面で独立したものにするために、森林や採石場とか、その他の土地の利用権を譲渡して資金を調達することもありました。建築事務所は、独自の判断にしたがって、このような売買を実行に移すことができました。

II. 建築法規

中世における建築関係の法律で最も古いものは、おそらく、652年のランゴバルドのロータリ王によるものでしょう。ランゴバルドでは、744年にもルイトプランド王が建築業者に対する勅令を出しています。それ以後にも、建築を、何らかのかたちで法的な規制のもとにおき、請負制度についても明確な取引関係が確立されるようにする試みがたびたびなされています。ライフもウィトルウィウスに関する注釈のなかで、建築家が建築法規に通暁していなければなら

ないことを、はっきりと述べています。「これによって、他人にだまされたり、違法に建物を建てたり、建てられたりすることがないよう、それぞれの都市が、独自の建築法規をもっている。……」

　ライフの著作が出版される3年も前になりますが、シュトゥットガルトのレオンハルト・フロンシュペルガーが「都市、市場、平地、村々、耕地における市民および付近の人々の建築物」についての『建築法規』(1543年)を書いています。しかし、このような建築法規は、法律的にみてあらゆる場合に適用できるものではありませんでした。フロンシュペルガーはそれに対して、はっきりと異を唱えています。彼は「すべての場所で、その地方、地方のキチンとした権威によって制定される」ことを望み、各地方独自の規則をさらに適合したものにすることを願っているのです。

　自治体は、それぞれ、その狭い範囲での建築に関する何らかの規則を設定しなければなりませんでした。町の美化のためでもあり、もう一つには公共施設を侵略から護る必要からです。また、個々の土地の権利を保持するためでもありました。何世紀もの間には、都市は再開発され、新しい街路が引かれ、広場がつくられます。イタリアについていえば、少なくとも12世紀および13世紀に、フィレンツェ、シエーナ、ピサ、ピストイアで徹底的な都市改革が行われたことが知られています。大きな市町村の協議で話し合いがゆっくりと進められることも、また、交渉が捗らない場合には、強制収用あるいは、補償金の支払いや先買い権による譲渡などが行われることもありました。フィレンツェでは、1339年頃、大聖堂のまわりの広場を拡張する際に「アディマリ街道からみた大聖堂がよい印象を与え、この場所から一層高くみえるよう広場の下盤面を深くせよ」とされたようです。大広場と大通りの周辺の人々には、建物のファサードを特定の形にしつらえること、バルコニー、あるいは窓が指定された数になっていること、窓の飾りを一定のものにすることなどの義務が課せられました。簡単に言えば、正規の建築委員会があって、今日のお役人さんたちと同様、施主や建築家が心配しなければならないようなことを、いろいろと準備していたのです。大概の場合、これらの事柄は、すべてが一つの役所か、担当の

Bauw Ordnung.

Von Burger

vnd Nachbarlichen Gebeuwen/in

Stetten/Merckten/Flecken/Dörffern / vnd auff dem Land/
sampt derselbigen anhangenden Handwercker kosten/ gebrauch vnd gerech-
tigkeit/in drey Theil verfast vnd zusammen gezogen/welches Innhalt nach der Vor-
red weiter auff das aller kürtzest zuvernemmen ist. Allen Oberkeiten vnd
Vnderthanen nütz vnd dienstlich zu gebrauchen / Vormals
in Druck nie außgangen/ꝛc.
Durch

Leonhart Fronsperger.

Mit Röm. Key. Mayt. Freyheit/ in zehen jaren
nicht nach zutrucken.

M. D. LXIIII.

レオンハルト・フロンシュペルガー『建築法規』 フランクフルト、1568年の扉絵

役人の思いのままでした。

　エンドレス・トゥッヒャーは1461年から1475年まで、ニュルンベルク市参議会所属の名誉〈棟梁〉にあった人ですが、その職務について詳しい記録を遺しています。「1461年にハンス・コーラー氏が棟梁職を離れて後、空席が一つできた。そこで、私エンドレス・トゥッヒャーが後継者として選任された」。そのときまでは、手工業の職人や建築関係の吏員の権限と義務を公にまとめたものはまだなかったので、トゥッヒャーは入手可能な範囲で重要と思える情報をすべて集めたのです。

　トゥッヒャーには、〈働き手〉で、〈助手〉をつとめたコンラート・ギュルトラーという部下が〈下役〉としており、この記録を書く手伝いをしていました。そして、この記録は各地方の状況に重点をおいて取り扱ったものというよりは、市の棟梁の、正当と思われる義務を広い範囲にわたって編集したものでした。第一に、棟梁のトゥッヒャーや、その後任は、職人たちに賃金を払って雇い、彼らに工具類を提供し、それぞれの仕事の場所に運んでやらなければならないとしています。また、それらを帖面につけ、仕事の場所に配置するのも仕事の一つでした。毎年繰り返される緊急の課題、例えば道路網の清掃や補修、上下水道の点検もその仕事に数えられますし、皮剝や刑吏（絞首刑執行）の仕事も彼らの職務でありました。もちろん、各分野にそれぞれの親方がいたわけですが、建築の棟梁はすべてを自分のもとで気配り、手配りをしなければなりませんでした。その工事のすべてがその手にゆだねられたのです。

　このような条例や規定の項目から、当時の大きな公共団体の活動や役割や、日常生活の状況を、正確に把握することができます。とはいえ、それらの痕跡は、大きな歴史の流れのなかでは、あまりにも早く流し去られて、復元不可能になってしまいます。

Von künstlichem Geometrischem Absehen vnd Messen.

Zu weiterem bericht der grundtlegung einer Stadt/soltu dise volgende Figur beschauwen/so allein ein viertheil einer Stadt begreifft/nach den vier orten der Welt/deßgleichen nach den Winden gericht/zu gemeinem Exempel.

Wie aber weiter ein yeder platz Landtschafft Hoffstadt/ vnd mancherley grundt der Gebew künstlichen abzumessen seyen/ durch sonderliche new erfundne instrument/ aus dem Meer Compaß erfunden/ wöllen wir weiter in sonderliche buch/ von den Wasser gebewē/ vnnd was durch Wasser künstlichen zu wegen gebracht werden mag / mit erklerung der Meer Charten weidleuffiger handlen/dises orts vmb kurtze willen vnterlassen rc.
End des vierdten vnterscheidts.

ヴァルター・ライフ『ドイツ語版 ウィトルウィウス』より

76

[図版Ⅳ] ピーテル・ブリューゲル（父）《バベルの塔の建設》（1563年、部分）ウィーン、美術史美術館所蔵
この巨大な建造物の最上段は、すでに雲の中で、一点に集まる控え壁は、まるで壊れたカタツムリの殻のようです。右前景では、迫枠の上でトンネル・ヴォールトがつくられ、その上側ではすでに足場ができ上

がっています。塔の外装には自然石が使われますが、個々の石板はしかるべきところにある巻き上げ式起
重機で運び込まれます。右側には、この建造物の芯の役割をする岩の先端がまだ見えています。

『ウィトルウィウスの教えを正しく理解するための講義』第三書
ニュルンベルク、1547年、木版扉絵

I2. 築城術と兵器

軍事は、建築家や棟梁にとっての重要な任務の一つでした。古代ギリシャ・ローマにおいても中世においても、軍事には、まさしく、特別な重要性があったのです。戦争では、征服と防衛という二重の任務が課せられます。防衛のためには、都市の防壁を頑丈にし、要塞を築いておかなければなりません。とくにルネサンス期のイタリアでは、大きな関心事となっており、この時期に書かれた築城術の見事な写本も遺っています。今日のわれわれには、そのような規模の計画を考えることはほとんどありませんが、I4世紀に塁壁を備えた大都市にあっては重要な課題だったのです。政治的状況が緊迫し、軍事行動を進める必要が生じれば、通常の規模を遙かに超えた大きな努力が注がれることになるでしょうし、他の建設計画は全面的に休止されなければなりません。ときには、これらの仕事に市民が強制的にかり出され、建設や運搬の仕事をさせられました。しかし、棟梁には、侵略の場合にもまた大きな任務がありました。すなわち、新しく征服した地域を制圧するためには、きちっとした正方形の格子の上に建てられて、高い塁壁と塔によって囲まれた城砦全体を速やかに建設しなければなりませんでした。それらは、もともと特定の目的のためだけに建てられ、守備隊が配備されていたものですから、今日では、ほとんど遺っていません。逆に、戦に負ければ、敵方の徹底的な破壊を受け、その場所は、数年を経ずして鋤で耕され、最後の痕跡もぬぐい去られてしまうかもしれないのです。

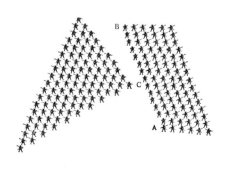

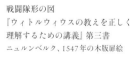

戦闘隊形の図
『ウィトルウィウスの教えを正しく
理解するための講義』第三書
ニュルンベルク、I547年の木版扉絵

festen Clausen/Schlössern vnd Casteln in Teutschen vnd Welschen land augenscheinli-
chen sehen mögen/für solchen anlauff zuuerhindern dienet nit wenig das man die Stat
Pforten vnd strassen nit gerichtig sonder schlims herumb einleytet/wie dann dise Regel den
gewalt des Geschütz nit wenig abbrechliche ist/ vnd pflegt man solche vberwelbte schlimen
Porten bey den Italianischen gebewen auch zu machen/wie dann solchs in Italien vor vi
len Jaren vast gemein gewesen/wie dann gnugsam anzeigen Buren/Erema vnd das Stet
lein Corrigum/so mit solchem gebew vor lengst befestiget gewesen/doch mögen solche vnd
andere

Figur der grundlegung vnd anfahender aufführung der Stat Mauren mit iren Thüren vnd Wehren nach der alten manier.

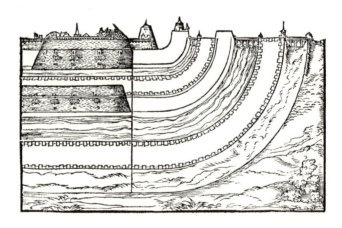

『ドイツ語版 ウィトルウィウス』、ウィトルウィウス第五書より

レオナルド・ダ・ヴィンチはミラノ公に技師として仕えていたので、築城に関するいろいろな問題に取り組んでいます。残念なことに、レオナルドの手稿や図は散逸したり、分割されたりして前後のつながりがわからなくなっているようです。30歳のときミラノ公に提出した自薦書のなかでは、自分の能力について、城を築き、これを防衛する術や、秘密の方法によって敵方の城を迅速に降伏させる術を心得ていること、さらに、運搬が容易で、短時間で河川に敷設できる橋や、攻撃用の櫓、仮設防塞などさまざまな発明をしていることを述べています。

　一方、北ヨーロッパでは、デューラーによってマクシミリアン皇帝に捧げられた書物『都市・城郭・村落の要塞化に関するいくつかの指南』が広範囲に影響を与えています。デューラーはとくに、火器が築城術に与える影響について研究し、使用される大砲の反動と重量に対して城壁の強度を定める基準を作成しており、さらに、胸壁の形状に関しても「城壁の上のものを取り去って、平らにしておけば、弾丸が当たっても喰い込むことができない」と書き記しています。

　デューラーの論文の第二部では、理想の城館とその防御設備について論じられており、戦いの際に、できる限り自給自足が可能な要塞にするためのいろいろな設備が詳しく述べられています。第一に問題にしているのは、教会堂、墓地、および小教区であり、ついで、武器貯蔵庫、鋳物工場や車大工、鞍職人、馬勒職人、鎧職人、指物師などの仕事場などを備え、王の金細工師や絹刺繍師やその他の必需品や贅沢品の職人も城壁の中に定住させるべきだとしています。王の宮殿は諸設備の中央に位置します。

　デューラーのその他の提言のなかでも、とくに興味深いのは、海に面した城砦の計画です。それは、水に囲まれて、陸地から行くには、しっかりと防御されたただ一本の橋しかないというものです。デューラーは、ここでも個々の細かい点に配慮をしています。設備全体の輪郭が円形であるのは、多分、レオナルド・ダ・ヴィンチの考えに倣ったものでしょう。デューラーは最後に、砲架について述べています。〈大砲〉を軸の上に置いて回転できるようして、発射後弾丸を込めるのに、毎回後退・旋回させる必要がないようにしているのです。

他にも、砲身を持ち上げたり、降ろしたりすることができるウィンチを発明し
ています。また、デューラーはこのような大規模な設備に対する資金調達につ
いて次のように書いています。「それには多額の費用がかかると人はいうかも
しれないが、それならば、エジプトの王がピラミッドにどれほど多くの費用を
つぎ込んだか考えてみるとよい。それでも、これらは何の役にも立っていない
が、その投資は役に立っている。さもなければ施しものをもらわなければなら
ない貧しい人々に、支配者たちは、働きに対して日当を与え、物乞いをしなく
ても済むようにしたのだ。ピラミッドを建てなければ、事態はさらに悪くなっ
たのだ……」。つまり、農民一揆の防止に応用されたのだというわけです。

　デューラーの死後、7年たった1535年、ラインハルト・フォン・ゾルムス伯
爵が『建築施工のための簡易見積もり法 』という論文を出版しています。その
なかでは、とくに、砦の建築が取り上げられて、計画立案から最終的な建設に
至るまでの建築上の事柄すべてについて述べられています。さらに、請負業務、

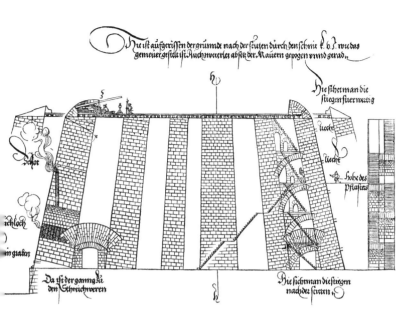

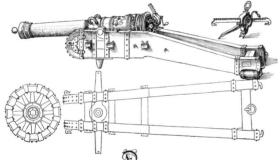

アルブレヒト・デューラー『築城論』
ニュルンベルク、1527年より

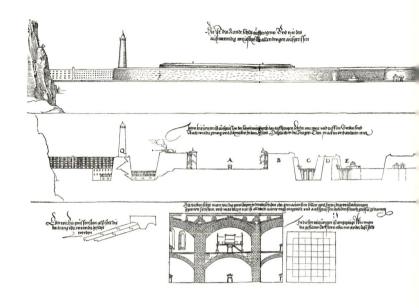

弾道学上の問題、その他の戦闘技術の問題にも言及しています。

　攻撃の場合、建築の棟梁は敵方の棟梁がつくったものを破壊せねばなりません。城市の外壁の下を通って坑道を掘り、基礎をくりぬいて角石を材木で支え、全員が安全な距離まで退避してから火を放つのです。さらに、トスカーナの場合には、次のような話が伝わっています。包囲された側は、降伏を要求されると、下に掘った坑道がどのくらい進んでいるのかを自分たちの目で実際に確かめて納得してから決心をさせてくれないかと返事をしてきたのです。これは実際に許され、使者がやってきて、坑道に降りた後、戻っていきました。包囲された側は程なく要求にしたがって降伏していますから、この報告は効果があったのだと思われます。

　攻撃用やその他の兵器の発明は、技術的な想像力を発揮するのにまたとない機会です。古代の専門家たちによる、膨大な文献もずっと以前から伝えられており、これらが利用可能でした。フラウィウス・ウェゲティウスやヘロンの

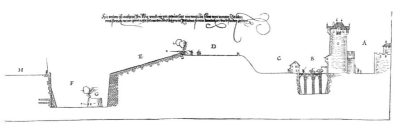

論文がそれで、あるものは完全な形で、あるものは断片的に伝わっていました。ウィトルウィウスもまた、その最後の書、第十書でそのような問題を取り上げ、主として投擲器と大弩が扱われています。ライフは大砲および臼砲の弾道学的問題に関する短い注釈を付け加え、〈四分儀〉の図を示し、簡単に弾道の角度が定められるとしています。ライフは、この器具を〈新しい発明〉だと述べていますが、砲術家に採用してもらうときの難しさについても言及しています。砲術の競技はその一例です。「〈蛇砲〉[中世末期から17世紀にかけて用いられた小口径、長砲身の砲]を用いた競技が、野原で行われ、弾丸も同じ、装薬も同じく、どちらも有利にならないようにして、一発ずつ発射が試みられました。上に述べた手順にしたがって、調整した第一発目は1972ルーテン[距離の単位、時代、地方によって異なる。2.87〜4.67メートル]飛んだが、次に砲を2ポイント下に向けて発射したところ1872ルーテンの距離しか飛ばなかった」

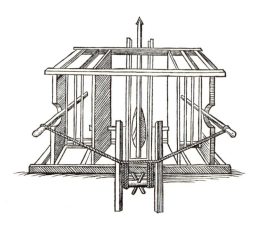

Zu augenscheinlichem Exempel/der Schütten/ Walh/ Pasteyen/
Rondel/vnd Bollwerck/mit jren Wehren/als dieselbigen di-
ser zeit bey den Teutschen Bawmeisteren gemeinkli-
chen im brauch/ beschaw volgende Figur.

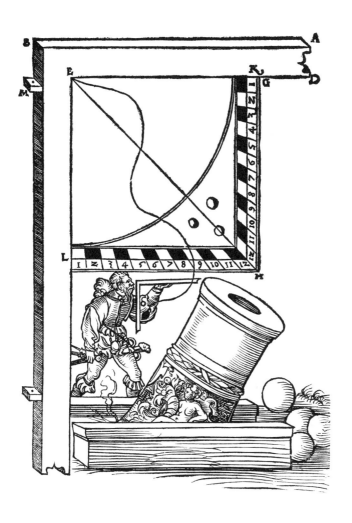

左頁上：「風変わりな飛び道具。ウィトルウィウスの考えにしたがって、
昔の人々に使われていたものを示した」

下：ヴァルター・ライフ『ドイツ語版 ウィトルウィウス』より

右頁：「砲身や臼砲が各弾丸発射のたびに正しい方向に向かうように、
新しく発明された器具を用いているところ」
ヴァルター・ライフ『幾何学的射撃術』第三書、第一部、ニュルンベルク、1547年の木版扉絵

「幾何学的射撃術第二書、第九の最終提議あるいは課題」
ヴァルター・ライフ『幾何学的射撃術』ニュルンベルク、1547年より

I3．測量術

建設現場で、大工の棟梁が計画を縄張りに移すときに用いる器具類については、本書でも、すでに述べておきました。角度の測定が必要になるのは建築の場合ばかりではありません。弾道学でも、土地の測量でも、また、とくに天文学でも必要です。すでに引用したライフによる I547年の著作『すべての建築家のための、重要にして必要な数学的ならびに機械工学的技の実践的知識……』には建築の物理学的・数学的な基礎の広い範囲にわたる要約が載っていますが、これには、数多くの角度測定用器具が示され、その使い方が説明されています。ライフが最初に言及しているのは〈幾何学的正方形あるいは測定枠〉で、これは、その上に可動式の照準桿があり、そこにつけられた角度目盛りは、普通の分割法のように正方形の各辺が45分割されるのではなく、60に分割されています［40頁図参照］。

　次に述べられているのは、ライフが〈幾何学的四分儀〉と呼ぶもので、普通の角度目盛りがつけられており、垂直方向の角度を測定するのに用いられます。つまり、四分儀の半径に沿って照準を合わせ、錘のところで角度を読み取るの

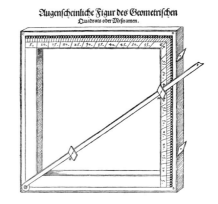

ヴァルター・ライフ
『ドイツ語版 ウィトルウィウス』より

です。この方法では、観測者の目の高さが基準になりますが、それを固定するためには、長さが既知の棒が用いられました。

　ライフが次に目を向けるのはヤーコプの杖です。これは航海術では非常に重要な器具で、ノストラダムスやベーハイムに遡るものです。これを用いれば、端点まで行けない二点間の距離も、二つの異なる地点から目標を狙うことによって測ることができます。いうまでもなく、杖の長い方の木には目盛りがついていなければなりません。

ヴァルター・ライフ
『ドイツ語版 ウィトルウィウス』より

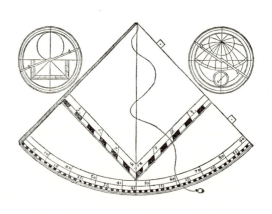

Figur wie man behende durch ein gemein Richtscheid erkennen mög ob ein wand in der richtschnur stehe oder wagrecht.

ヴァルター・ライフ『ドイツ語版 ウィトルウィウス』より

　ライフはそれから、これらの器具で高さを測定する方法を示しています。こ
こでライフが述べているのは、相似で、比例関係にある三角形の地上の辺の長
さが、どれでも測れるという非常に単純な場合で、この方法は垂線の足まで行
けるのでなければうまくゆきません。こんな場合なら、すでに述べた〈四分儀〉
が役に立ちます。

　ライフは、次に、照準器の軍事利用に関して、高さの測定の可能性について
も触れています。その作動方式は四分儀のそれに重複する部分が少なくあり
ません。とくに興味深いのは、それに続くヤーコプの杖の完成版とも言うべき
〈新発明の測定器〉に関する記述です。このヤーコプの杖では、長い方の腕を、
──したがって、短い方からしてもそうなりますが、── 角度を直角に保った
まま縦にも横にもずらすことができるようになっているのです。

　さらに述べられているのは、360°の目盛りをもつ本格的な経緯儀類です。こ
れらを使えば、今日でも行われるように、固定された基準線からの角度を測定
して行う本格的な測量が可能になります。あわせて紹介されている仰角測定用

器具は、ライフも認めていることですが〈アストロラーベの裏面〉のようになっており、ここにも可動式の照準桿がついています。ライフは木版画挿絵でもそのような見通し線を示しています。

　また、ウィトルウィウスやライフによれば、水準化、つまり水平を測り出すことは、水利工事では、ずっと以前から行われていたということです。図に示されている水準器は、原理的には水を張った長い水槽からなるもので、その表面はつねに水平であり、水準器が照準器としてそのまま使えます。しかし、ヴィラール・ド・オヌクールが知っていた高さの測定法は、合同な三角形による、単純な高さの測定法にすぎず、その知識は、ごく単純な建設現場でしか使えない法則でした。それに対して、ローマ人が建造した水道や水浴設備に見られるような、驚くべき技術的達成度は、その当時に、高度な測量が行われていたことを推察させます。ローマ人が建設した道路網は、全ヨーロッパに延びていますが、中世には、国際的通商の基盤としての役割を果たしました。これらの技術的知識は、古典古代の末期に失われてしまいますが、15世紀になってようやく、レオン・バッティスタ・アルベルティの論文やレオナルド・ダ・ヴィンチの仕事により、新しい生命を得てよみがえったのです。

ヴァルター・ライフ『ドイツ語版 ウィトルウィウス』より

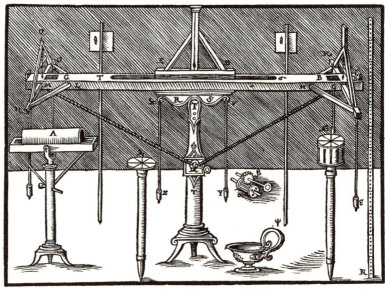

ES mag aber folche Wafferleitung durch mancherley faffung befchehen / der Canal/
oder Deuchel/vnd Röten/ deren etliche von Gemeur gefaffet werden/etlich frey/ vnd
offen/ als fo man ein Wafferfluß in ein Graben/ oder in ein Stadt füret / oder etwan
obgewelbt / vnnd folchs heimlich oder offenbar / aber die Brunnen quellen leitet man ge-
meingklichen in Deuchlen/ oder Röten von Pley/ Ivdin gefchirr/ oder Holtz/wie fich aber
hierin weiter zu halten fey / ift difes ortts nit vnfers furnemens / weidtleuffiger zu handlen/
darumb wir den fleiffigen/ Kunftliebhabenden Lefer/ an obgemelte ortt verwifen haben wöl
len/ wie aber nach mancherley gelegenheit der Landtfchafft / vnd gegnet folche Waffer
leitung zu richten/die quellen zu faffen / die Waffer bech zu fchwellen/vnnd das
Waffer durch die Sandt ftuben zu purgieren vnd leuteren/ haftu in difer
volgenden Figur/ ein gnugfamen augenfcheinlichen bericht/
damit wir difen fexten vnd letften vnterfcheidt des
erften Buchs/ Geometrifcher meffung
enden vnd befchlieffen
wöllen.

ヴァルター・ライフ『ドイツ語版 ウィトルウィウス』より

I4. 棟梁と依頼人

本書では、ここまで、中世の建設現場で求められる理論的・実際的な事柄がどんなものであったのかを概観してきました。これらは、中世以後の時代の資料によるものですが、それによれば、一連の単純な幾何学的手順が繰り返し用いられていることがわかります。技術的な知識が、建築上の問題の大きさに到底及ばないにもかかわらず、棟梁の創造的なファンタジーは、このような知識の不足を遙かに超えるものでした。実際、その大胆さのゆえに、命を落とした棟梁も少なくありませんでした。いろいろなものが落ちてくることもありました。新しい形のバラ窓を考案したり、リブ・ヴォールトの網目の新しい形を考案したりするよりは、基本的な技術の進歩の方がずっと重要なはずです。しかし、一方で、施主の過度の要求もあり、建築家が大胆すぎる危険な方法に向かわせられたということもあります。フローレンス・ドイヒラーが美しい文章で綴ったボーヴェの大聖堂の建築の話は、このことを雄弁に物語っています。

　ボーヴェのサン＝ピエール大聖堂が、〈王の領地〉にある他の聖堂と功名を競って建てられたことは明らかです。なかでも、身廊の天辺の高さが42メートルもあり、それまで他の競争相手を凌いでいたアミアンの大聖堂と張り合っていたようです。つまり、ここサン＝ピエールでは、さらにこれを、もう息を呑むほどの48メートルにまで高め、屋根の棟の高さは68メートルにも達するものにしたのです。それもはじめは、75メートルの高さにする計画だったのですが、地盤が悪くて達成できませんでした。アミアンとくらべると、内陣全体を高くしたばかりでなく、それに加えて広さも拡げられています。ところが、1284年11月29日に、控え壁が何か所も崩れ落ちてしまいました。そこで、新しい円柱を付け加え、区画の数を倍にしました。この工事は、1347年までかかり、1499年になってようやく、建築家のマルタン・シャンビィージュのもとで翼廊の建設が始まりました。1564年から1569年の間には、ジャン・ヴァーストが、控え壁の役割もする外陣を建てる前に、交差部の上に塔を建ててしまいました。塔は153メートルの高さで、4年の間は保っていましたが、1573年には、

Wer vß mißt hymel/erd/vnd mer
Vnd dar jnn sůcht lust/freůd/vnd ler
Der lůg/das er dem narren wer

von erfarung aller land
Ich halt den ouch nit jtel wiß
Der all syn synn leidt/vnd syn fliß
Wie er erkund all stett/vnd landt
Vnd nymbt den zyrckel jn die hant

セバスチャン・ブラント『阿呆船』、1494年より

Wer buwen will / der schlag vor an
Was kostens er dar zů můß han
Er würt sunst vor dem end abstan

Von narrechtez anslag
Der ist eyn narr der buwen wil
Vnd nit vorhyn anschlecht wie vil
Das kosten werd / vnd ob er mag
Volbringen solchs / noch sym anschlag

セバスチァン・ブラント『阿呆船』、1494年より

右側の支柱が圧力に耐えきれず、崩れてしまいました。そこで、教会堂全体の
いたんだ部分だけが建て直されて、見事な未完成状態のまま、今日まで遺って
います。

　これは、建築にすでに、曲芸的ともいうべきものが入ってきた時代の出来事
ですが、建築家という職業そのものの地位は、ずっと上がっていました。建築
の棟梁というものは、前にも見たとおり、修業課程のゆえもあって、依然とし
て石工ではありましたが、個々の人物としては、非常に高い社会的地位に昇る
者もいました。フランス国王の一人などは、自ら、著名な棟梁の息子の名づけ
親になった程です。このような人たちは建設現場では、大筋を指示するだけで、
実際の仕事は部下に委ねたのです。「きょう日、普請小屋の親方ときたら、片
手に物差し、片手に手袋をもって〈あれをつくれ〉などと言うばかり、自分では、
何も手作業をしようとしない。そのくせ、高給を取っている。―― まるで、教
会の顕職にある人たちみたいだ」。1261年、説教師のニコラス・フォン・ディア
ルトが、そのお説教のなかでこんな文句を言っています。

　このように高名な建築家たちは、他所からも招聘もされます。カレルⅣ世

ヴァルター・ライフ
「ウィトルウィウスの教えに従う
シュンメトリアと古典的技巧が凝らされ、
丹念に筋のつけられた柱頭」

は、お抱えのフランス人棟梁が死亡した後、プラハのヴィトゥス大聖堂の建築に、グミュントから初代ハインリヒ・パルラーを名指しで招聘しています。また、評判の高い専門家たちは、現場に赴いて建築を実地見分するため、いろいろな場所に旅をします。ミラノでは、フランスや、イタリアや、ドイツの棟梁たちが集められて大会議が開かれ、計画上の重要な問題について激しい議論がなされたということです。1170年代に行われたカンタベリーでの建設工事のことも思い出されます。修道士たちは、大勢の建築家たちに破損の程度を見積もるように求め、それから、焼け落ちた大聖堂の復旧工事の建築主任としてギョーム・ド・サンスを選んでいます。

とはいえ、——とくに中世初期の—— 建築施主たちは、かなりの程度まで、自分自身で構想を練り、計画を立てたと思われますが、英国のベネディクト・ビスコップの場合についていえば、彼は、マンクウェアマスとジャロウに修道院を建てる際、職人を外国から呼んでいます。というのも、当時の英国では、ローマ式の石造建築の方法が知られておらず、それができるのは外国の職人だけだったのです。また、ガラス窓の製作法も外国に頼らなければなりませんでした。アルフレッド王の治世は871〜899年ですが、時あたかも、教育制度の振興の気運が盛んであったこともあり、王は自らの手で教会堂の建物の諸寸法と比率を定めています。このことについては、年代記編者のウィリアムが次のように書いています。「王は、教会堂を建てたが、そのために使える場所が限られていたので、新しい建て方を考え出した。地面にしっかりと据え付けられた4本の支柱が建物を真っ直ぐに保ち、楕円形の床面をもつ壁龕が建物の四方に設けられた」。これはつまり、英国に丸天井をもった集中式建築を導入したということです。

ヴァルター・ライフ「ウィトルウィウスのシュンメトリアによって示された、
6種の円柱およびその土台と柱頭の正しい本来の作図ならびに柱頭のさまざまな形」

カール大帝がアーヘンに宮廷礼拝堂を建てたとき、大帝に明確な意図があったことは、見ても明らかです。大帝はイタリア遠征の際、長くラヴェンナに滞在し、そのときに、建ててからすでに250年のサン・ヴィターレの教会堂を見ています。ラヴェンナからはテオドリック大帝の騎馬像も持ち帰り、アーヘンに据え付けようと計画していました。宮廷の礼拝堂にすでに取り付けられた円柱も、アルプスの山やラインの谷を越えてアーヘンまで運ばれてきたものでした。これらは、大帝が思い描いたであろう支配の範囲と理念を想像するとき、はじめて正しく理解できるし、また、建築についてどのようなイメージを抱いていたのかがはっきりとわかります。このようなイメージにもとづき、大帝はその意図にふさわしいと思われる建築家を招聘することになります。そこで、礼拝堂の壁画はイタリアのジョヴァンニという名の司祭が手配することになりました。

　高貴な君主たちの年代記作者たちは、当然のことではありますが、まず、その君主の名を可能な限り都合のよいように強調しようとします。そのため、中世においては、多くの場合、棟梁や建築家たちの名前は伝わっていません。誰かある修道院長が修道院を建て、すべてを隅々まで自らの手で完全に指図したと年代記にあれば、その修道院長がその財源によって用地を準備し、具体的方針を定め、建築を成功させたという意味です。13世紀のある英国の年代記作者は、こういった事情について、二、三の厳しい指摘をしています。「いうまでもなく、これらすべてはリヒャルト・フォン・ティーゲンハンゲルの努力によって

実現されたのではあるが、――敬意を払って―― 修道院院長に帰するものとしなければならない」。これは、『大修道院偉業』からの引用ですが、このような記述は滅多にないとはいえ、その意味を低く評価することはできません。

　6世紀のことですが、ボエティウスは次のように書いています。「建築物については、建設を命じた人々の名前は建築物に記録されているが、労苦と〈技〉を以てその建設に直接当たった人々の名は、残念ながら、失われている」。サン=ドニの教会堂を建てた棟梁も、疑いもなく天才的な人物ですが、この人の場合にも、同様、その名が伝わっていません。しかし今日、私たちがゴシックと呼ぶあの様式を、最も純粋なかたちで最初に具体化したのはこの教会堂なのです。大修道院長のシュジェは、施主として、厳格なスコラ哲学的理念をもち、それを建築というかたちで表わしたいと考えており、そこで出会ったのが一人の天才的な建築家だったのです。シュジェ大修道院長は、クレルヴォーのベルナルドゥスから、その計画がサン=ドニ修道院の費えを大きくしすぎているという非難を受け、二冊の書物でサン=ドニというフランス国王の教会堂に対する心配や労苦について記し、ベルナルドゥスに対して自身のプログラムを擁護していますが、その建築家については少しも触れていません。それでも、シュジェという人物や、建築ができ上がってゆく過程については非常に価値のある記述をしています。教会堂が一歩一歩とでき上がってゆく様子をありありと浮かび上がらせてくれるばかりではありません。また、金銀、宝石や絵画による装飾について詳細な記述をしているばかりでもありません。その記述からは、シュジェが日々造営の進捗を気にかけ、どれほど熱狂的に教会堂建築に腐心していたかがわかります。とくに、面白く、興味深いのは、ある長さの丸太が必要になり、探し歩いて見つける話です。森番たちは、自分たちの森には、そんな木はもうないと言います。しかし、夜中、彼は夢に驚いて目覚め、人々を呼び集めて、自ら馬に乗って森のなかを行くと、果たしてそんな木があったというのです。これは、1140年頃の話です。

　ところで、このような教会堂の建設に関して、一般庶民はどのように考えていたのでしょうか？　このことについても、私たちが知るところはわずかです。

二、三の文書では、人々が労働奉仕を強制された様子を伝えていますし、また、別の文書には、十字軍に熱中したのと同様に、一般庶民も自ら全力をあげて大聖堂の建設に奉仕したと述べられています。サン゠ピエール゠シュル゠ディーヴ修道院の大修道院長アイモンの書簡は、このことについての証言をしています。彼が英国のタットベリィ修道院の仲間にシャルトルの大聖堂の建設について書き送った書簡では次のように述べられています（一一四五年）。

　　ワインやライ麦や油や石材、木材などの生活必需品や教会堂の建築用品を積み込んだ車を、権力と富を極めた人々、この世の王侯、高貴な身分の男女が、領主の館に向かって車を曳く役畜のごとくに身をかがめ、うなじを延べて牽くさまを、過去のいかなる時代に見たり聞いたりした者がいるだろうか？　しかも、驚くべきことには、荷が牽かれている間、──一台の車を千人以上の人々が牽いていたことも少なくないのだが、──つぶやき一つ聞こえなかったのだ。実際、目を閉じていれば、その場には、人が誰もいないかのように思われたことであろう。道ばたで休息するときにも、聞こえてくるのは罪の告白と、神への赦しを願う、へりくだった祈りばかりであった。心を平安に向け、憎しみと争いを終わらせ、罪を赦して、心から仲良く暮らすようにとの僧侶の声のもと、心の一致が達成されるのである。にもかかわらず、相手に対して許されぬほどの罪を犯したり、僧侶が信仰心にもとづいて行った助言を拒絶したりすると、その喜捨した品物が車から放り投げられたり、その者自身が同心会から除名されたのである。
　　彼らは教会堂につくと、車を、あたかも聖なる軍営であるがごとくに円陣に組み、一晩中眠らずに歌い、神を賛美するのだ。どの車にも松明と蠟燭がともされ、病人や心身障害者が下に寝かされ、その苦しみを和らげるべく高価な聖遺物が運ばれた。最後に、僧侶や司祭が行列をつくって、信仰心篤い人々がこれに続き、主と聖母マリアの慈悲の心によって病人が快復するようにと願うと、儀式が終わるのである。

「二連ヴォールトの図、以下のような方法で架けられる」
ヒエロニムス・ロドラー『透視図法』、フランクフルト、1546年より

建物の断面図
ヒエロニムス・ロドラー『透視図法』、フランクフルト、1546年より

Eigentliche auffreiſſung des grunds der Seulen mit jren Baſament vnd Capiteelen/auch wie ſolch Seulen auffgezogen werden.

Figur der Keſſer oder Krag ſtein ſo in die mauren ein ge legt werden die bögen der gewelbzu tragen

上と左下：円柱の立面図
ヴァルター・ライフ『ドイツ語版 ウィトルウィウス』より

I5. 中世における大工の棟梁

中世における大工の棟梁という職業を今日の物差しで測るのは間違いです。その修業の課程、職能、目標についてはすでに述べておきました。棟梁には、今日の建築家と同様、一つの建築を頭に浮かべ、それを設計図として具体化し、そのコンセプトを建築の全体および各部分に刻み込んでゆく能力が要求されます。それだけでは足りません。棟梁は自分自身で個々の部分一つずつに手配りをしなければならないので、設計図どまりの建築術に陥ったりする危険こそほとんどありませんが、いろいろな建築の部材には、手ずから実寸で、じかに刻みつけなければならず、重要な石材には、熟練した石工として、のみとハンマーを使って造形しなければなりませんでした。

　ですから、中世の棟梁というものは、すべてを自己の創造物として仕上げなければならなかったのです。そこで、建築物は、どうしても個々の棟梁の個性が反映されたものとなります。それと同時に、大きな建築物の場合には、時代精神が、ともかく、大きな潮流として直接に影響を与えていたのです。シュジェ大修道院長の教会堂に足を踏み入れれば、彼が文書で表現しているその理念が、ともかく、直接に感じ取れるのです。ゴシックのカテドラルからは、このようにして、それ以前、それ以後の時代のものとは別の、一つのまとまった思想が伝わってくるのです。

　この古い時代と近代の始まりの継ぎ目がどこになるのかを見いだし、ルネサンスがイタリアやアルプス以北の国々へ与えた影響を説明しようと大勢の研究者が試みています。そこで、ウィトルウィウスの文書の再発見と影響ということにもう一度注目すれば、I500年という年代にスポットライトを当てることができます。ルネサンス期のイタリアにおいて、ウィトルウィウスの文書の、挿絵入り、注釈つきの翻訳を最初に企てたイタリアの人文学者チェザリアーノという人物がいたことは、まさに驚くべき歴史的巡り合わせだという印象を受けます。チェザリアーノは、この時代の他のイタリア人と違って、おそらくは、アルプス以北におけるゴシック建築の基本概念をしっかりと理解していたもの

と思われます。彼はミラノの出身で、自分自身ではブラマンテの弟子だと述べています。ウィトルウィウスに関する注釈では、ミラノの特定の建築物が引き合いに出されていますが、チェザリアーノはその教会堂の建築主任で、内装の完成を任されていたのです。ですから、ミラノの普請小屋で設計図類を見ることもできましたし、ウルリッヒ・フォン・エンジンゲンやグミュントのハインリヒ・パルラーによる計画も手近にありました。また、1400年頃のドイツで得られた着想も、図面上では知っていたものと思われます。ジャン・ミニョーの「理論的な基礎のない学問や技芸など無に等しい」（1391年）という言葉を頂点として、技術的な計画をめぐり、ドイツ人、イタリア人、フランス人の間でさまざまな考え方が激しくぶつかり合った会議は有名ですが、チェザリアーノはその議事録も閲覧できる立場にもありました。この、〈理論的基礎〉というのは等積正方形を求めたり、三角測量をしたりすること、つまり、正方形や円からコンパスを使って図形を作図するための大まかな幾何学的規則から構成されるものであったと考えられます。チェザリアーノはこれらすべての知識に奥義を究めており、それらを広く知識人に公開したのです。この書は、しかし、イタリアでは、大きな影響を与えることはなく、歴史的興味としてとらえられ、ミケランジェロやラファエロ、レオナルド・ダ・ヴィンチやセルリオの歩んだ道が踏襲されました。

　一方、ドイツでの影響は全く違ったものであったようです。ここでは、建築術はすでに述べたとおりツンフトの秘密であり、ゴシックの棟梁の設計上の根拠に関する詳しい知識に触れることなどは、素人には、たとえ学問があっても、可能性もなかったし、いわんや、それを応用する必要が起こることなどは滅多にありませんでした。

　ところが、チェザリアーノによるウィトルウィウス、それに続くライフによるウィトルウィウスの衝撃から、一挙にアルプスの南側で起こった大きな精神的運動へつながっていったのです。何よりもまず、再発見されたウィトルウィウスに挿絵が添えられ、フランスやドイツの石工たちが建物を、幾何学的の法則という〈基礎〉にもとづいて構成してゆく工程が、実は、ウィトルウィウスの

上：「自由学芸ついて」
ギュンター・ツァイナー『ロデリクス：人間生活の鑑』より

下：「第三および第四に教えられる学術、それは算術および幾何学の……」
ギュンター・ツァイナー『ロデリクス：人間生活の鑑』より

上：「メルジュジーナがルシニァン城をいさんで、立派な建物として建て始めたこと」
アントン・ゾルグ『メリュジーヌ』、1485年より

下：「主任司祭、首席司祭や教会の長が人々に秘蹟を与える場面。建設中の教会堂」
ギュンター・ツァイナー『ロデリクス：人間生活の鑑』より

やり方に近いことがわかったのです。つまり、彼らは先祖からの遺産を継承していた、いや、何とか保持し得ていたといえるようになったのです。

　ライフは、そのような自覚を明確に表わしています。それと同時に、ドイツ独自の貢献も加えられました。数学的知識はイタリアからもたらされたものですが、ドイツでは、すぐに測量、天文学、航海術、弾道学の実践に応用されるようになりました。このようにして生まれた科学器具類はアルプスを越えて逆の道をたどり、そして他の国々においても科学研究の新しい可能性を引き起こしたのです。

　こうして、経験の交換や、理論と実際から、近代における技術的進歩のほとんどすべてがもたらされることになったのです。ですから、建築物を建築ということだけの視野で見ることは不可能でしょう。エジプトのピラミッド、ギリシャの神殿、ローマの浴場設備や水道から、ゴシックのカテドラルに至るまで、後世の人々に対して自らの思いの偉大さを永遠に示す証となっているのです。そのように、それぞれの時代が、その時代の建築物のなかで生き続けているのです。

　それは、「神のさらなる栄光のために」あるいは、17世紀の終わり頃カール・オイゼビウス・フォン・リヒテンシュタイン伯が述べたように「金銭というものは、ただ後に遺す永遠にして不滅の記念を築くためのものにすぎぬ！」という動機から建てられたのかもしれません。

Der breiten Schwibbögen/welche Vitruuius Fornices nennet/
eigentliche auffreissung.

上：ヴァルター・ライフ「ウィトルウィウスの考えにしたがって描かれた
素晴らしい寺院や建物の正投影図と平面図」

下：ヴァルター・ライフ『ウィトルウィウス』第七書、第三章の注釈より

Kurtzer beschlus zum Leser.

Also haben wir gütiger Leser bisher etliche künstliche Geometrische exem=
pel gesetzt/so nit allein zu kurtzweiliger vbung mancherley Mathematischer
messung/sonder auch zu grossem nutz vñ vortheil allen künstlichen werckmei
steren/vnd vorab der Architectur mit theilhafftigen künsten/vom Vitruuio er=
zelet/reichen mögen/Wie dañ ein yeder kunst liebhabender vast leichtlichen abne
men mag/der seinem fürhaben aus rechtē gewisen Mathematischē grund/nach
kommen will/so er mit fleis merckt/was jm aus teglichem gebrauch vnd vben für
kommen mag/in mancherley wercken/Darmit wir also mit disen scharpffsinni=
gen exempeln/dises wercklein der Geometrischer messung enden vnnd beschliessen
wöllen/mit freundlicher bit an alle kunstliebhabende Werckleuth vnd Kunstner/
dise vnsere arbeit vnd angewente mühe/der mainung vnd gemute/in bestem auf
nemen/als wir gegen jnen vrbüttig vnd geneigt sind/weiter höhers/nützlichers/
vnd notwendigers/souil in vnserem vermögen sein wurde/gemeinem nutz zuge=
fallen vnd wolfart/furthin on alle schew oder abschreckung vnserer mißgunsti=
gen tadler/offentlichen in druck zuuerordnen vnd an tag zugeben/darmit den
gutherzigen Leser in den schirm Gottis befelhent.

ヴァルター・ライフ：結語

写真

1. ディーマー修道士、1270年頃、レーゲンスブルク、ドミニコ会聖堂
写真：文化財保護局

2. ハンス・ヒーバーによる教会堂〈美しきマリア〉の木製模型、レーゲンスブルク、1519～20年
レーゲンスブルク市立博物館、写真：ドイツ美術出版

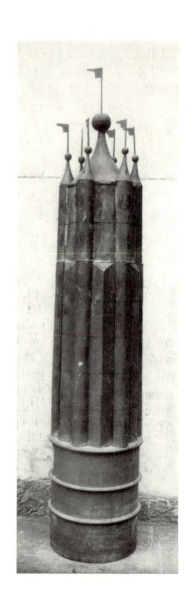

3.〈物見櫓〉の木製模型、アウクスブルク、1515年
写真：アウクスブルク・メディアセンター

4. 高位の建築家を描いたこの肖像画は、後期ゴシックにウィトルウィウスの影響によって地位がきわめて高くなった建築家の典型を示している。手にしているのはツンフトの印であるコンパスであり、壁には物差しとコーニスの横断面を示す型板が吊り下げられている
ルドガー・トム・リンク（父）、16世紀前半、ベルリン、ダーレム市立美術館、絵画ギャラリー

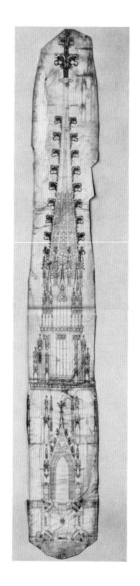

5. フライブルク大聖堂、西面の立面図および八角塔、羊皮紙・ペン、15世紀前半の模写
おそらくは二人目の塔の棟梁〈粉屋のハインリヒ〉による設計図（1310年頃）にもとづくものと思われる
三枚構成、高さ 231.3 cm、幅32.6 cm、ニュルンベルク、ゲルマン民族博物館

6. エスリンゲンにあった、かつての施療院付属教会、ハンス・ベーブリンガーの署名、1501年
ウィーン、アルベルティーナ

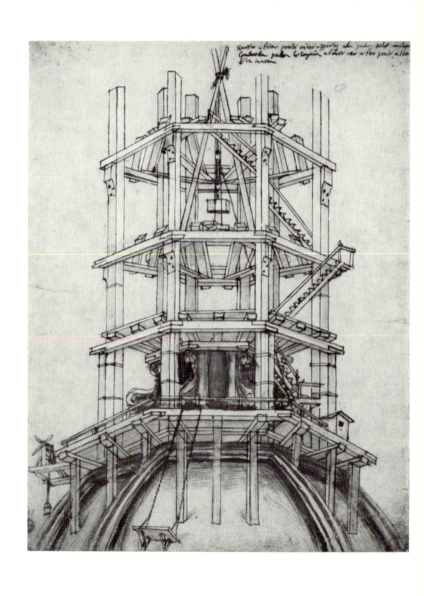

7. ブルネレスキによるフィレンツェ大聖堂の丸屋根頂上の明かり取りの足場、15世紀中頃
フィレンツェ、ウフィッツィ

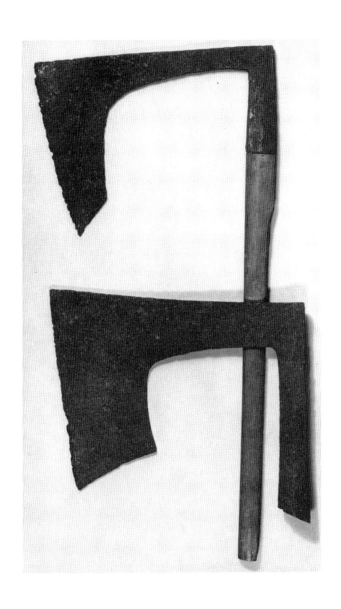

8. 大工用手斧2点、15世紀
ニュルンベルク、ゲルマン民族博物館

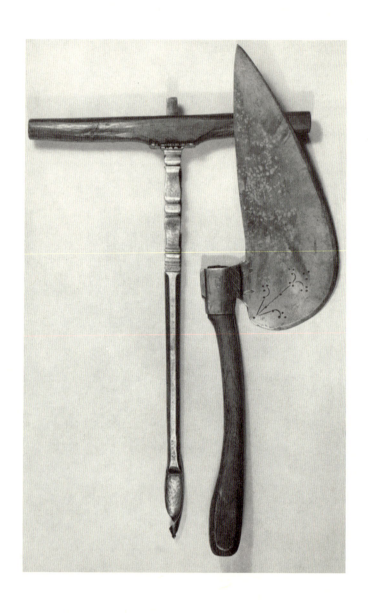

9. 穿孔用ドリルと大工用手斧、17世紀
ニュルンベルク、ゲルマン民族博物館

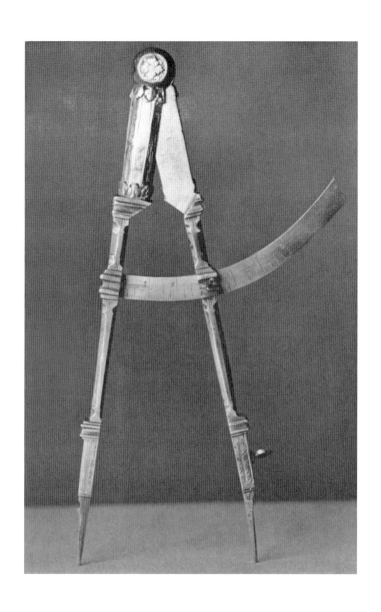

10. 目盛り付きコンパス、16世紀前半
ニュルンベルク、ゲルマン民族博物館

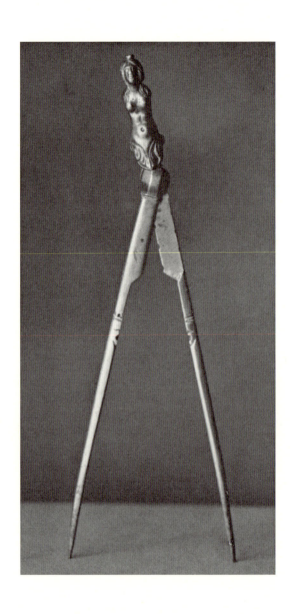

11. コンパス、ハンス・フォスター、16～17世紀
ニュルンベルク、ゲルマン民族博物館

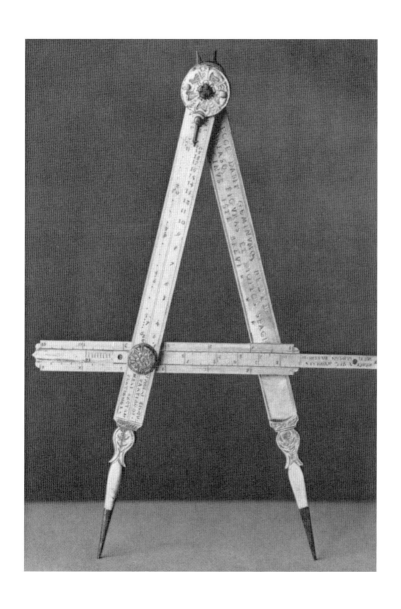

12. クリストフ・シスラー（父）による比例コンパス、アウクスブルク、1580年
ニュルンベルク、ゲルマン民族博物館

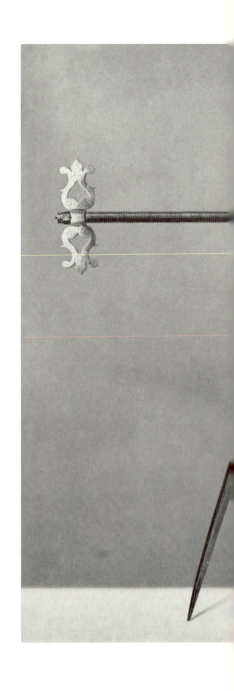

13. 石工用大型コンパス、1600年頃
ニュルンベルク、ゲルマン民族博物館

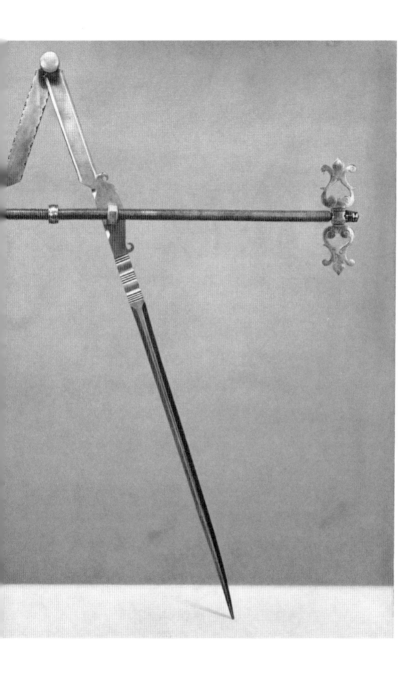

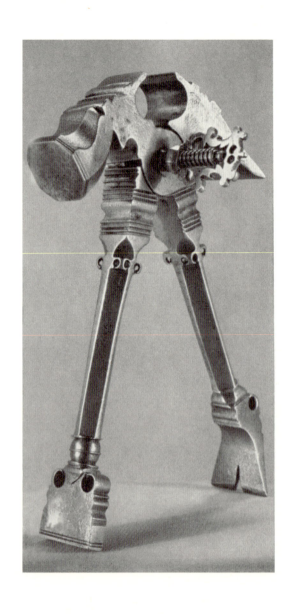

14. 万能工具、ハンマー、やっとこ、釘抜き、16世紀中頃
ニュルンベルク、ゲルマン民族博物館

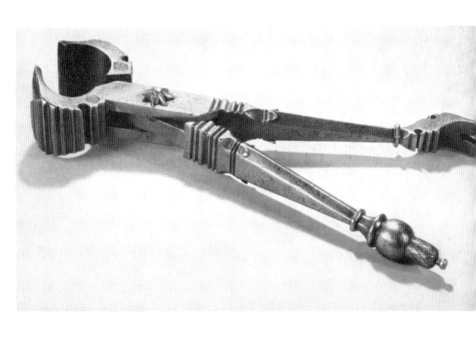

15. 万能工具、ハンマー、やっとこ、釘抜き、南ドイツ、1600年頃
ニュルンベルク、ゲルマン民族博物館

左：16. ねじ付きコンパス、1600年頃　ニュルンベルク、ゲルマン民族博物館
右：17. デューラー（?）の烏口、デューラーの住まいの壁の板張りの後ろで発見されたもの
ニュルンベルク、ゲルマン民族博物館

文献

保存されている石工の規定類

Regensburg 1459, Straßburg 1459, Torgau 1462, Basel 1497, ›Bruderbuch‹ 1563, Querfurter 1574. Die Wiener, Admonter und (1480) Tiroler Ordnungen sind Variationen derer von 1459 (nach C. Heideloff, Die Bauhütte des Mittelalters in Deutschland, Nürnberg 1844).

建築法規類

Die frühesten mittelalterlichen sind wohl (abgesehen von der Antike)
652 des Rothari (MGH. Leg. T. IV, Hannover 1868)
744 Edicta Regum Langobardorum (ed. S. Neugebauer, München 1855)
Leonhardt Froensperger ›Bawordnung‹, Frankfurt / Main 1564
Endres Tucher, Baumeisterbuch. Manuskript (1464-1475) als Leihgabe der Familie Tucher im Germanischen National-Museum Nürnberg, herausgegeben durch Weech und Lexer in ›Bibliothek des Literarischen Vereines‹ Bd. 64, Stuttgart 1862

資料

Die verschiedenen Quelleneditionen durch Gaye, Schlosser, Mortet-Deschamps und Lehmann-Brockhaus
Die ›Kunstbüchlein‹ und Vitruv-Editionen, deren Illustrationen in diesem Buche Verwendung fanden, sind an ihrer Stelle zitiert. Wichtig sind jedoch besonders die folgenden:
M. Roritzer ›Puechlen der fialen gerechtikait‹ 1486 (herausgegeben in Faksimile Regensburg 1923)
Schmuttermayer ›Fialenbüchlein ‹ ca. 1486 (herausgegeben im Anzeiger für Kunde der deutschen Vergangenheit, Heft 3, 1881)
H. Rodler ›Eyn schön nützlich Büchlein und underweisung der Kunst des Messens‹. Siemeren 1531
H. Blum ›Quinque columnarum exacta descriptio‹. Zürich 1550
›Von den fünf seulen‹. Zürich 1554
Wendel Dietterlin ›Architectura und Ausstheilung der v seüln‹. Stuttgart 1593, Straßburg 1594
C. Cesariano ›Vitruvii de Architectura Libri x‹ italienische Übersetzung und Kommentar. Como 1521

16、17世紀の技術書

L. B. Alberti ›De Architectura Libri x‹

A. Dürer ›Underweysung der messung‹. Nürnberg 1525

W. Ryff (Gualterius Rivius) ›Unterrichtung zu rechtem Verstand der Lehr Vitruvii‹. Nürnberg 1547

›Der fürnembsten, notwendigsten der gantzen Architectur betreffenden mathematischen und mechanischen Künste eigentlicher Bericht...‹. Nürnberg 1547, 1558, Basel 1582

›Vitruvius Teutsch‹. Nürnberg 1548, 1558, 1575, 1582, Basel 1614

一般

Siehe die einschlägigen Artikel ›Architekturmodell‹, ›Baubetrieb‹, ›Bauhütte‹, ›Baumeister‹ etc. in Reallexikon zur deutschen Kunstgeschichte. Stuttgart 1937 ff.

P. Booz ›Der Baumeister der Gotik‹. Berlin 1956 (dort auch weitere Literaturnachweise)

W. Braunfels ›Mittelalterliche Stadtbaukunst in der Toskana‹. Berlin 1952

John Fitchen ›The Construction of Gothic Cathedrals‹. Oxford 1961

Hans R. Hahnloser ›Villard de Honnecourt‹. Wien 1935

O. Kletzl ›Planfragmente‹ in: Veröffentlichungen des Archivs der Stadt Stuttgart, Heft III. Stuttgart 1939

Leonardo Olschki ›Geschichte der neusprachlichen wissenschaftlichen Literatur‹ Band I: ›Die Literatur der Technik und der angewandten Wissenschaften vom Mittelalter bis zur Renaissance‹. Heidelberg 1919

N. Pevsner ›Europäische Architektur‹. München 1957

H. Salzman ›Building in England in the Middle Ages down to 1540‹. Oxford 1952

H. Überwasser ›Nach rechtem Masz‹. Jahrbuch der Preussischen Kunstsammlungen Nr. 36 (1935), S. 250

Rudolf Wissell ›Des alten Handwerks Recht und Gewohnheit‹. Berlin 1929

訳者付記

日本語参考文献

原本には134〜135頁のような参考・引用文献が示されていますが、大部分が、わが国ではなかなか手に入りそうにもないので、参考となりそうな、翻訳その他の日本語文献を挙げておきます。

アルブレヒト・デューラー『人体均衡論四書』註解
　　前川誠郎監修・下村耕史注訳、中央公論美術出版、1995年

アルブレヒト・デューラー『築城論』注解
　　下村耕史編著、中央公論美術出版、2013年

アラン・エルランド＝ブランダンブルグ
　　『大聖堂ものがたり――聖なる建築物をつくった人々』
　　池上俊一監修、山田美明訳、創元社、2008年

ジャン・ジェンペル『カテドラルを建てた人びと』
　　飯田喜四郎訳、SD選書36、鹿島出版会、1969年

デビッド・マコーレイ『カテドラル――最も美しい大聖堂のできあがるまで』
　　飯田喜四郎訳訳、岩波書店、1979年

ロン・R・シェルビー編著
　　『ゴシック建築の設計術
　　　　――ロリツァーとシュムッテルマイアの技法書』
　　前川道郎・谷川康信訳、中央公論美術出版、1990年

『ウィトルーウィウス 建築書』
　　森田慶一訳註、東海大学古典叢書、東海大学出版会、1969年

藤本康雄『ヴィラール・ド・オヌクールの画帖』
　　SD選書72、鹿島出版会、1972年

古代・中世・ルネサンスの建築術とその伝播

ヨーロッパ各地にそびえ立つ華麗な大聖堂や壮大な城、堅固な要塞。現代のように高度な技術も機械もそして知識もない、はるか昔の人々は、こうした巨大な建築物をどのようにして建設したのでしょうか。誰もが抱く素朴な疑問に対して、同時代の図面や記録を示し具体的に答えたのが、本書です。その内容は、ウィトルウィウスの再発見を端緒として（I〜2章）、中世・ルネサンスにおける棟梁の修行課程や建築術（3〜9章）、社会や組織のシステム（IO〜II章）、さらには軍事や測量にまで及びます（I2〜I3章）。けれど著者グローテが本書で行ったのは、図面や史料の単なる紹介ではありません。

　著者のアンドレアス・グローテは1929年、バウハウスの都市デッサウに誕生しました。建築の実務を学んだ後、ドイツ各地にて建築理論と美術史を修め、1959年、ミュンヘン大学の美術史研究所でフィレンツェの中世聖堂に関する博士論文を提出し、学位を取得しました。指導教官は、ゴシック大聖堂研究などに従事し、邦訳も多く出版されているハンス・ゼードルマイヤーです。本書の初版が出されたのは、まさにその1959年のことでした。

　本書はルネサンスを基点として、主にI2世紀からI6世紀、すなわち中世・ルネサンスにおけるヨーロッパの建築術を明らかにするものです。グローテが手がかりとして使用した史料は主に3種類あり、第一が、紀元前一世紀に活躍したウィトルウィウスの建築書です。しかしこの建築書は、時代とともに忘れ去られてしまいました。それをI5世紀初頭に再発見したのが、イタリアの修道士ポッジオでした。グローテはこの瞬間を、「ルネサンス（再生）」の始まりに位置づけます。ルネサンスとは、端的にいえば、古代文化の復興を意味します。ウンベルト・エーコの『薔薇の名前』（1980年）に登場する修道士ウィリア

ムがアリストテレスの喜劇論を再発見したように、ポッジオも、悠久の時と膨大な書物のなかに埋もれていたウィトルウィウスの建築論をザンクト・ガレン修道院にて再発見しました。これにより、古代の知識が16世紀によみがえったわけです。

　第二の手がかりは、ルネサンスの著作、殊に、ヴァルター・ライフによる注解つき翻訳『ドイツ語版ウィトルウィウス』です。ライフは1500年頃、ストラスブールに生まれました。おそらくは生家の商売だったのでしょう、バーゼルで薬学を学んだ後、メッツ、フランクフルトと居を転々とし、ニュルンベルクを経て、1548年ヴュルツブルクで歿します。特筆すべきは、およそ1538年から1548年にかけて30を超す著書や翻訳を次々と出版する「ベストセラー作家」だった点です。出版の領域は広く、薬学、医術、そして歯科といった医療系を筆頭に、幾何学や建築にまで及びました。なかでも後者、すなわち本書でもたびたび引用されている『すべての建築家のための、重要にして必要な数学的ならびに機械工学的技の実践的知識……』(1547年:『幾何学的測量について』や『幾何学的射撃術』が含まれる)、『ウィトルウィウスの教えを正しく理解するための講義』(1547年)、そして『ドイツ語版ウィトルウィウス』(1548年)を発表したのは、ニュルンベルク滞在時のことでした。

　グローテはさらに、デューラーの築城論やライフの測量論、そしてフロンシュペルガーの建築法規やトゥッヒャーによる棟梁録など、幅広いジャンルに及ぶルネサンスの著作を参照し、建築家をめぐる環境の再構築を試みています。なおグローテが言及しているエンドレス・トゥッヒャーとは、市長や司教を輩出したニュルンベルク屈指の有力一族トゥッヒャー家出身の人物です。彼が就いていた「名誉棟梁」とは、実務を担う建築家ではなく、むしろ役人としての立場であったことを付記しておきます。このように本書にはさまざまな史料と人物が登場しますが、実のところ建築は、使用目的に合致したデザインを考え構造を計算するだけでなく、土地の購入や測量、資材の手配や運搬、人材の育成や雇用、組織の運営や管理、法規や都市景観を踏まえた調整など、多角的な考慮が必要なものなのです。

グローテの第三の手がかりは、中世の記録や手紙、そして何よりも、魅力的な図面の数々です。とりわけ図面は、ゴシック期のバウヒュッテを知るための貴重な証拠を提供してくれます。バウヒュッテとは、本書にて「普請小屋」と訳されているとおり、建設現場に設けられた作業小屋、兼、事務所を指し、広義には建設に従事するひとびとの組織を意味します。当時の様子を現在へ伝える、おそらく最も古い図面は、グローテも多く参照している《ヴィラール・ド・オヌクールの見本帖》（13世紀）です。これは33葉の羊皮紙を綴じ合わせたもので、その大部分を制作したと考えられるフランスの建築家の名前が通称の由来となりました。内容は、施工のための設計図というより、建築や彫刻に関わる多種多様な事物の備忘録ないし見聞録といった性格が強いといえるでしょう。一方、現代の「設計図」に比較的近いのは、本書でも数点取り上げられている15世紀のバウヒュッテに由来する図面です（32, 34, 35頁）。とくにウィーンのそれは、総計294枚が現存します。大きいものでは長さが5メートルにも達し、丁寧に観察したならば、コンパスの痕跡や、定規を使用して引かれた下書きの跡までもがはっきりとわかります。

　さて、以上に挙げた3種の史料を眺めたならば、古代・中世・ルネサンス、というように、グローテは異なる時代の史料を手がかりにしていることがわかります。実はこの点にこそ、ドイツ・ルネサンスの特色があるのです。ここで、16世紀のライフの立場になってみましょう。彼が建築関係の出版物を次々と著したニュルンベルクは、いうまでもなく、ドイツ・ルネサンスの中心地です。この都市で活躍していたデューラーをはじめとする芸術家や人文主義者（知識人）たちは、イタリアで再生した古典古代の知識や思想を自国へと持ち込みました。ただし、ルネサンスの発祥地イタリアと決定的に異なるのは、アルプス以北には中世の伝統がなお根強く遺っていた点です。そのためドイツでは、中世とルネサンスが奇妙にも同居するという状況が、長らく続きました。このことが、ドイツ・ルネサンスの性格に決定的な影響を与えました。

　もう一つ重視されるべきは、ルネサンスの出版文化です。15世紀に再発見された古代ウィトルウィウスの著書は、手写本、すなわち、手で書き写した書物

でした。これをドイツ語に翻訳して注解をつけたものを、ライフはこの時代に発明された活版印刷で出版ました。出版者は、アントン・コーベルガー（有名な『ニュルンベルク年代記』を出版した出版者）歿後のニュルンベルクで印刷業を営んでいた、ヨハンネス・ペトライウスです。大量生産された印刷本の普及力は、手写本の比ではありません。ましてや「ベストセラー」となり版の重ねられた『ドイツ語版ウィトルウィウス』の影響力たるや、どれほどだったことでしょうか。なるほどルネサンス以前、つまり中世の時代にも、上述のような見本帖や図面が描かれ、バウヒュッテ間で交換されることもありました。しかしそれは閉鎖されたコミュニティ内でのことにすぎません。したがってライフの建築書は、古典古代の建築書が再生したというだけでなく、知識が体系化され普及したという点においても画期的であり、ドイツ・ルネサンスの一つの指標たりえる事業だったのです。

　以上から明らかなように、本書の意義は、豊富な史料や図面にもとづき、過去の建築術を明示しただけにとどまりません。グローテが、古代からルネサンスにかけての建築術を検討し、ルネサンスを基点に再構築したというのは、これらの時代の知識や思想が複雑に交差し混在したドイツ・ルネサンスの特質の解明という観点からも、意義深い研究だったといえるでしょう。

岩谷秋美

主要参考文献

Johann Josef Böker: *Architektur der Gotik. Bestandskatalog der weltgrößten Sammlung an gotischen Baurissen (Legat Franz Jäger) im Kupferstichkabinett der Akademie der bildenden Künste Wien*, München 2005;

Karin Kranich-Hofbauer: Walther Hermann Ryff. Walther Hermann Ryff: Ein großer Plagiator oder ein Brückenbauer in der Wissensvermittlung am Übergang vom. Mittelalter zur frühen Neuzeit? in: K. Niedermair (Hg.): *Die neue Bibliothek*, Graz 2012, S. 88-94;

藤本康雄『ヴィラール・ド・オヌクールの画帖』、鹿島出版会、1972年

訳者あとがき

ウィトルウィウス (Vitruvius Pollio, Marcus) は前一世紀、古代ローマ、皇帝アウグストゥスの時代の建築家です。ウィトルウィウスの著書『建築十書』は、現存する最古の建築書で、建築にとどまらず、土木、機械、造兵などの広い範囲に及ぶ技術書であり、現在では広く世界に知られており、日本でも東海大学出版会から邦訳も出版されています。『建築十書』には、書かれた当時、いくつかの手写本がつくられ、それなりに知られていたようですが、ローマ帝国が崩壊し、中世に入ると修道院の中に写本が遺ったものの、一般にはもちろん、棟梁たちの目にも触れないようになってしまいました。

しかし、本書の冒頭にもあるように、ルネサンス期に入ると、文字どおり再生復古の気運が起こり、古典期の書物も探し求められるようになります。こうして、ウィトルウィウスの『建築十書』もザンクト・ガレンで発見された写本をもとに完全な復刻が可能になり、この時代の知識人たちの目にとまり、大きな影響を与えることになります。

そのなかの一人が、ドイツ人の画家アルブレヒト・デューラー (1471～1528) です。デューラーは我が国では、画家、版画家として有名ですが、遠近法の研究など、図学を研究した数学者でもあり、建築関係の著作も遺しています。本書にも述べられているように、デューラーは早くからこの書のことを知り、イタリアに滞在中にこの書に触れたものと思われます。

さらに、1548年、医者であり博学者であったヴァルター・ライフによるドイツ語訳がニュルンベルクで出版されました。このラテン語からの翻訳は、語学的にも模範的なものであるばかりでなく、ウィトルウィウスの書に出てくる難解な術語に当時の建築技術に準拠した解説が加えられ、さらにこれらには、本

書でも随所に見られるような図版が付されていました。そんなわけで、ウィトルウィウスの影響はドイツ語圏でさらに拡がり、イタリアにおけるより大きくなったようです。

　実際、この時代における建築はツンフトという閉鎖的な同業組合に属する棟梁たちによって仕切られており、その技術は、仲間内で秘匿されていたのです。ライフ自身がどのようにしてそれを知り得たのかはわかりませんが、とにかく、その翻訳書によって、当時の知識人も、中世以来その当時行われていた建築技術に触れることができるようになったのです。現代のわれわれも、ライフの翻訳書を通して、ルネサンスや中世の建築術やその現場もうかがい知ることができるわけです。

　とくに、「普請小屋」という語が再三にわたって登場しますが、これは「Bauhütte（バウヒュッテ）」の訳語です。邦訳しにくい語なので、日本語の書物ではそのままバウヒュッテと表記されている場合もあります。本書にもみるとおり、当時の建築では、製図、原寸作業、組織管理、技能・知識の伝達などがすべてこの普請小屋を舞台に行われ、そのすべてを親方棟梁が取り仕切ったのみならず、自らもそこで直接作業に加わったのです。「完全なる建築家（Der vollkommen Architectus）」というのが本書の原題ですが、これは、このように何もかもすべてに通じた親方棟梁という意味だと理解したうえで邦訳題名を『ゴシックの匠』としました。なお、「ゴチック」の方がドイツ語の原音に近いとは思いましたが、検索の便を考えて本文も含めて「ゴシック」としました。

　20世紀初頭、建築家のヴァルター・グロピウスがヴァイマールで工芸デザイン学校「バウハウス」を設立しました。「バウハウス（建築の家）」は中世の"バウヒュッテ"を念頭においての名称だといわれています。実際、その理念を述べた『バウハウス宣言書』（1919年）をみると、そこに添えられた木版画にはゴシックの大聖堂が示されていますし、その教育システムも「親方−職人−徒弟」という中世のそれを模したものでした。このようにバウヒュッテ＝普請小屋はヨーロッパの建築家にとっての「心のふるさと」だったのだともいえましょう。

　ところで、本書の著者グローテ（Andreas Grote）は、1929年生まれ、2015年没。

父親も美術史家、1959年ミュンヘン大学の高名な美術史家であるゼードルマイヤー教授に博士論文を提出、その後は1994年に引退するまでフィレンツェやベルリンで活躍した美術史家です。

　グローテは、本書においてライフの翻訳書を軸に、ヨーロッパの建築技術の諸局面を語り、多くの図版で見せてくれます。まず、数葉の色刷りでブリューゲル（父）の『バベルの塔』(1563)を細かく観察して見せてくれます。ブリューゲルは「バベルの塔の建設」を主題とした作品を3点描いたとされていますが、本書に示されているのは、そのなかでも最も大きく (114×155cm)、工事の様子が細かく描かれたウィーンの美術史美術館所蔵のものです。バベルの塔はいうまでもなく、旧約聖書に出てくる塔の建設の話です。といっても、この絵の塔それ自体は、ローマのコロッセオを模したともいわれていますが、細部については、ブリューゲルの時代の建築現場をもとにしてこの作品を構成したに違いありません。人物も、ブリューゲルの時代の衣装を纏っているように見えます。

　本書にはさらに、ライフの翻訳書の挿絵も数多く転載されていますが、その他にも、デューラーをはじめ、フランスの建築家ヴィラール・ド・オヌクール（1190年頃〜1260年頃）が遺した建築に関する「画帳」などを含む多くの図版が示されており、ヨーロッパ中世を目の当たりにしてくれます（オヌクールの「画帳」は、藤本康雄氏による邦訳が『ヴィラール・ド・オヌクールの画帖』として鹿島出版会から出版されています）。

　グローテはまた、ヨーロッパ中世における建築家・建築職人の育成をはじめ、その職分、設計図、契約書のつくり方、普請小屋、測量、管理、施主、資金の調達、さらには、当時の建築家の領分であった都市計画、防衛、兵器、戦時の攻防における仕事などに至るまでを、面白いエピソードを交えながら展望してくれます。

　ヨーロッパ中世の石造建築は、木造建築の伝統のなかに住むわれわれ日本人には、なじみの薄い対象ではありますが、今日では、ヨーロッパを旅し、壮大なカテドラルや古城を実際に見る人々も増えているようです。外見ばかりでなく、どのようにして建てられたのかを知れば、それらもさらに興味深いものに

なることでしょう。

　さて、訳者の一人である柳井が、グローテによるこの書物を見つけたのは、1970年代のはじめの頃のことで、ニュルンベルク市のゲルマン民族博物館の売店においてであったと思います。めくってみると、中世の測量術や、工具類の挿絵が多く、計測工学科の出身である訳者にとっては、見逃せない書物と思い購入しました。

　その後、何回も読もうとしていたのですが、本務多忙のため、果たせずに放置していました。退職後、時間的余裕が得られるようになり、この書を思い出し、読み始めました。読むほどにたいへん面白く、翻訳して多くの人たちにも読んでいただきたいと思いました。

　こうして翻訳を始めたわけですが、仕事を進めるにつれ、術語、とくに、ヨーロッパ建築の術語の翻訳に困難を感じました。なにぶんにも、場所も時代も遠く離れた中世ヨーロッパの建築です。素材も、道具も、つくり方も異なる部分が少なくありません。また、翻訳にもそれなりの約束事があるはずです。門外漢が恣意的に訳語をあてては誤解や混乱を招きかねません。困っていたところを、鹿島出版会の川嶋勝氏のご紹介により、共訳者として岩谷秋美氏に参加を請い、共同作業を始め、解釈上の問題、用語の問題などについて討論を重ねたうえで翻訳を完成させた次第です。多くの方々が興味をもち、楽しんでいただければ幸いです。

柳井　浩

人名索引 fは図版を示す。

柳井 浩　Hiroshi YANAI

慶應義塾大学名誉教授、応用数学
1937年東京生まれ。1959年慶應義塾大学工学
部計測工学科卒業。1964年同大学大学院工学
研究科博士課程修了。ドイツ・ハンブルグ大学
留学。慶應義塾大学理工学部教授などを歴任。
工学博士。主著に『数理モデル』(朝倉書店)、
訳書に『黄金分割』(A.ボイテルスパッヒャー
著、共立出版)ほか。

岩谷秋美　Akimi IWAYA

東京藝術大学専門研究員、美術史
東京生まれ。2014年東京藝術大学大学院美術
研究科博士課程修了。博士(美術)。オースト
リア・ウィーン大学留学、東京藝術大学教育研
究助手を経て現職。駒沢女子大学、中央大学、
鶴見大学、東京造形大学、明治学院大学、早稲
田大学非常勤講師。主著に『ウィーンのシュテ
ファン大聖堂』(中央公論美術出版)ほか。

ゴシックの匠
——ウィトルウィウス建築書とルネサンス

2018年6月20日　第1刷発行

訳者：柳井 浩　岩谷秋美

発行者：坪内文生

発行所：鹿島出版会
〒104-0028　東京都中央区八重洲2-5-14
電話 03-6202-5200
振替 00160-2-180883

デザイン：渡邉 翔＋関 亜弥子

印刷：壮光舎印刷

製本：牧製本

© Hiroshi YANAI, Akimi IWAYA 2018,
Printed in Japan
ISBN 978-4-306-04666-5 C3052

本書の内容に関するご意見・ご感想は
下記までお寄せ下さい。
URL: http://www.kajima-publishing.co.jp/
e-mail: info@kajima-publishing.co.jp